●朝鮮王李熙

●大院君

●朝鮮危機時的袁世凱

●戊戌變法時的袁世凱

●新任湖廣總督時著戎裝的袁世凱

●辛亥革命時出任內閣大臣的袁世凱

●十七歲自檀香山返國的華僑青年孫文

●興中會時代，楊衢雲（前排左二）、孫文（中排左三）與日本友人合影

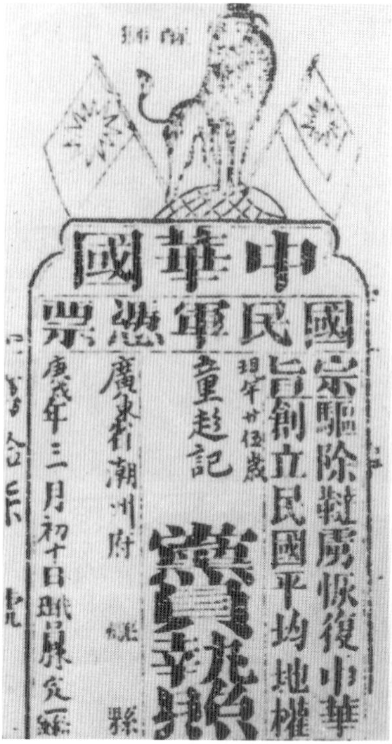

●同盟會黨員執照，上書創黨宗旨與黨員名籍資料。

●鄒容和其暢銷書《革命軍》

●因政治獻金案與孫文反目的章太炎

●光復會領袖蔡元培

●華興會領袖黃興力促同盟會團結，對革命居功厥偉。

●黃花岡七十二烈士墓碑亭

●共進會領導人孫武

●文學社領導人蔣翊武

●辛亥年十月十一日，中華民國湖北軍政府成立，門前所掛的是十八星旗。

●革命軍整裝待命，準備迎戰的南下的清軍。

●就任臨時大總統時的孫文

●杭州人民張燈結綵慶祝南京臨時政府成立

唐德剛作品集

民國通史

晚清導論篇

唐德剛作品集⑤

晚清七十年

·伍　袁世凱、孫文與辛亥革命·[**全五冊**]

作　　者——唐德剛
圖片提供——意圖工作室
主　　編——游奇惠
責任編輯——陳穗錚
發 行 人——王榮文
出版發行——遠流出版事業股份有限公司
臺北市 10084 南昌路 2 段 81 號 6 樓
電話／2392-6899　傳真／2392-6658
郵撥／0189456-1
著作權顧問——蕭雄淋律師
1998 年 6 月 1 日　初版一刷
2019 年 6 月 1 日　初版三十一刷
售價新台幣 280 元（缺頁或破損的書，請寄回更換）

ISBN　957-32-3515-3　（第五冊）
ISBN　957-32-3510-2　（套號）
YLib 遠流博識網
http://www.ylib.com　　E-mail:ylib@ylib.com

目錄

【參】甲午戰爭與戊戌變法

晚清七十年

伍

袁世凱、孫文與辛亥革命

一、從蔣中正與毛澤東說到袁世凱

《紐約時報》現任駐華特派員泰勒（Patrick E. Tyler），最近於二月六日該報發表一篇有關浙江奉化溪口鎮，蔣介石故居的「專訪」。他說近年來蔣在大陸上已不再是個「暴徒惡棍」。相反的，他在溪口的故居已成爲海內外遊客的朝山聖地（mecca）。每年平均有訪客百餘萬，且在逐年增漲之中。這些訪客百分之九十是大陸人，然台灣往訪者每年亦不下十餘萬。

作者並感慨地說，文化大革命期中，蔣母王太夫人之墓遭到嚴重破壞。老人的骸骨與墓石，被紅衛兵亂拋於山林之間。可想像是慘不忍睹。但是近年皆全部修復，煥然一新；連那座寺廟「文昌閣」亦經重建，而當今的管理員六十四歲的王某卻正是三十年前的紅衛兵之一。王某自述是屬於當時反對毀墓的「保守派」——其實也是天曉得也。

記得七、八〇年代之間，我個人亦曾數度返鄉。舊中國的骨肉之情，還使我幻想去「訪舊宅、掃祖墓」。數度試探沒結果之後，返美曾作了一些還鄉詩，有句說：「指點鄉農識墓門，煙雲遙拜淚沾襟。先塋哪有孤墳跡？祖宅眞無片瓦存……」——我因回去得早，國家還沒有開放重建。有些誠實的「鄉農」故舊，尙告訴我實情。那些在開放後才回去的至親好友，還鄉之後，居然還能「哀毀骨立」、「泣血哭墓」，回來告訴我說：「媽媽的墳還在！媽媽的墳還在！」吾知其爲「保守派」紅衛兵之傑作也。

前些年與好友遊台中「日月潭」，見老總統蔣公曾在潭畔建了一座巍峨的七級浮屠「慈恩塔」，祭祀的是蔣母遺像。——這位基督大總統，爲何建了一座佛教式的浮屠高塔呢？——慚愧的做了個「歷史學家」，吾知其心境也。

據泰勒的報導說，蔣公近日在大陸（尤其是在浙江奉化一帶），其聲望至少是與毛某平起平坐的。連中共治下的公務人員，都承認「蔣介石不是個壞領袖」。他和毛澤東的分別，只是在意識型態上「各爲其主（義）」而已。——毛所致力實行的是共產主義；蔣所致力實行的則是民族主義、民權主義和民生主義，如此而已。但是言外之意，在當今世界上，「共產主義」連「共產主義者」對它老人家都已失去信心，則蔣在大陸人民心目中的聲望似乎正在直線上升呢！

另外值得注意的是，《紐約時報》這家當今世界上最有權威，也是辦得最好的一份報紙，它對中國新聞報導的態度（包括泰勒本人以及十多位他的前任）一向都有其偏見的；尤其是對中國的中央政府。因此中國中央執政者，自西太后、袁世凱而下，諸位總統、主席，到「假皇帝鄧小平」（這也是該報封給鄧的榮銜），直至江澤民、李鵬，在該報的評述之中簡直就沒一個好東西。

該報每天都刊在第一版左上角的大牛皮，什麼「凡天下可刊載的新聞，無不刊載」（All the news that's fit to print）。可是去秋江澤民訪美，美國工商界在華爾道夫大旅館，由季辛吉主持的盛大招待會，這則「可刊載」的天大新聞，《紐約時報》硬是來它個「隻字不提」，把老江封殺得乾乾淨淨。

《紐約時報》這種偏見，因而使早年的國民黨和近年的共產黨對它都恨得牙癢癢的。巴不得它關門大吉才好。可是《紐約時報》對我們國共兩黨，如稍示青睞，則被讚譽者又無不喜形於色，爭相轉播，視若殊榮——乖乖，眞是一字之褒，寵踰華袞；一字之貶，嚴於斧鉞。

四星級的模範監獄

《紐約時報》何以如此偏激呢？說穿了也沒啥深文大義。須知美國這個國家，一開始便是個中產階級的國家。——它在「殖民時代」（Colonial Period）於維吉尼亞（孫立人的母校所在地）一帶，搞「計口授田」（五個黑口可抵三個白口），是一夫授田五十英畝（合三百華畝）。瞧瞧，一個農夫向政府領取耕地，一領便是一口三百畝。五口之家，便是一千五百畝。在中國歷史上，有幾個大地主（包括「官僚大地主」像李鴻章那樣），一家能擁有如許的土地？——這還是殖民時代呢！工業化以後的美國，那還要談嗎？大地主洛克菲勒向政府捐地築路，一捐就是四十英里（一百二十華里）。哈里曼一捐就包括大湖七個，今日紐約郊區的「七湖公園」。

可憐我們的土包子毛主席，眼皮淺。他把中國的「地主、富農」列爲五毒之首，加以「鬥爭」。鬥他個死去活來，人頭滾滾——中共土改時向國際公開的數字是殺地主八十萬人！據洋專家說，這數字是實有數字的十分之一。朋友，我們的地主、富農之所有，往往不過三五畝土地啊！有什麼可「鬥」的呢？

因此，以毛公那樣不刷牙、不洗澡的「農民領袖」，去和五帝之首的「美帝」打交道，他知道啥叫「美帝」呢？——但是毛主席牛皮可大啊！他老人家卻要領導咱貧下中農，去鬥爭美帝，搞世界革命囉！其結果（讓我們掉句文），那就叫「奚待著龜」啊！

可是把話反過來說。那些飛去飛來宰相家，平時錦衣玉食，滿口民主人權的《紐約時報》諸老編，和他們「自由主義者」的政論家和政客們，又哪裡知道咱貧下中農的社會是怎麼回事呢？由他們信口開河來縱論中國問題，其不流於瞎扯淡，也就不可得矣。

毛死二十年了。再看看今天的情況。前不久，在我們紐約華人社區強力反對之下，美國政府罔顧我社區利益，在我「華埠」隔街建了個「模範監獄」。——乖乖，這哪叫「監獄」呢？它是一座四星級大賓館哩！你如把它搬到北京的長安大街之上，它比那髒兮兮的「北京飯店」闊氣多了呢！那些所謂「三星級」、「二星級」等等，簡直就不能望其項背！——它們二者之間的區別便是顧客的人身自由了：一個是顧客可自由出入；另一個顧客就只能進不能出而已。

因此，在「自由女神」裙下住慣了模範監獄的美國小資產階級的自由主義者（liberals），就牛皮通天，正氣昂然，開口閉口什麼「金錢誠可貴，愛情價更高。若為自由故，兩者皆可拋」。——你眞叫他們去做做毛主席治下、大躍進期間餓死的兩千五百萬的「貧下中農」看看，那他們就只要半升米，自由不需要了。——筆者本人就有一位親堂弟夫婦二人，和兩個幼兒，一家四口，在毛主席的大躍進中，活活餓死。他們死狀之慘是不忍卒述的。但他們也只是當時被餓死的千百萬冤魂之一而已。與毛主席的惡政相比，想想「人民公敵蔣介石」（陳伯達所著的書名）治下的中國，也還不算太壞呢！「人民眼睛是雪亮的」，因此蔣公敵和毛公敵在今日大陸，也就平起平坐了。

《紐約時報》是一份美國中產階級自由主義者的報紙。它的言論、立場，以及它一切對中國的評述，都是從美國中產階級自由主義者的價值觀念出發的。它的千百萬讀者和它臭味相投，因而它能一唱百和，成為今日西方最有權威、最有影響力的報紙。——正因為它被西方讀者寵壞了，東方讀者不知其所以然，震於它的盛名，被它洗了腦，也跟著它起鬨，是十分可笑的。相反的，無產階級的同志們亂罵資產階級和他們的喉舌，實在也是「不怪自家無見識」了。

筆者不敏，謬讀時報四十餘年，中了毒、上了癮。每日清晨喝咖啡、吃麵包，簡直到了非看它不歡的程度。雖然對它論中國事，強不知以為知的橫蠻態度，有時也恨得牙癢癢的。——不過，「新聞歸新聞，評論歸評論」，它對世界各地新聞報導的深入與詳盡，在當今全球各大報中倒是首屈一指的。

因此，今日看到泰勒君有關共產黨治下，人民對蔣介石印象之轉變的好奇心，倒引發我想起國民黨當政數十年中，對袁世凱的評論了。——事實上，直至今日，國、共兩黨的革命史家，對袁世凱這個「皇帝」，就說（罵）得一無是處。與毛、蔣二公相比，袁世凱其人其行是否就真的腐爛到底，像國、共兩黨史家所說的，一無是處呢？

最正式的正式大總統

在本篇拙作裡，筆者絕無心去替袁世凱平反，說他想做皇帝，沒啥不對。我只是覺得這是個「邏輯的問題」。天下事——尤其是政論家論政，歷史家論史——哪有什麼全是全非的事體呢？愚者千慮必有一得嘛！要搞全是全非，則不特有違於我儒才德、陰陽之道，它也大謬於唯物主義者統一、對立之說。——如此，那就既難服人之口，更難服人之心了。

再者，值此台灣「民選總統」緊鑼密鼓之際，各路英雄，赤膊上陣，其結果必然是四隻老公雞，三死一活！死者固然日薄西山，氣息奄奄，人命危淺，景況堪憐。而活者，在冠歪毛脫，血跡斑斑之下，眞能仰首一鳴，天下皆白哉？我輩「歷史學家」，不疑處有疑也。

根據「中華民國」搞「共和政體」（republicanism）的「法統」（legitimacy）來說——不！根據世界各國搞共和政體的法統來說——任何法學家、歷史家都不能否認袁世凱是「中華民主共和國」，簡稱「中華民國」的第一任合法的正式大總統。——他比他的繼任「總統」——從黎元洪到李登輝——都更爲「正式」，更爲「合法」。

黎元洪繼任時還有過《中華民國臨時約法》和《中華民國約法》之爭；而蔣經國和李登輝的「中華民國」還要加個「在台灣」三字，才能算「合法」呢！

袁世凱就不然了。他是中華民國全國大一統，包括外蒙古、唐努烏梁海和西藏在內（台灣那時在國際法上和香港一樣，是被割讓成外國的殖民地了），皆有合法代表的各黨各派（包括「國民黨」），一致公選的、合法的、正式的中華民國的「第一任（正式）大總統」！

從純法理（注意這個「純」字）上說，袁世凱大總統的正統地位（legitimate status），和美國第一任大總統，不！世界史上第一個民主共和國，第一任大總統華盛頓的「正統地位」是完全一樣的。——諸位知道，美國的國父華盛頓大總統，並不是「全民直選」的呢！他是在美國「正式獨立」（英美〈巴黎和約〉，經英國國會於一七八三年正式通過，承認美國獨立）之後五年，才由美國國會公選（並非全民直選）出來，翌年（一七八九）在紐約宣誓當總統的呢！

袁世凱則是在「辛亥武昌起義」一週年時，經由中華民國正式國會，合法選出來的第一任正式大總統。其合法性，和當選的法律程序（due process of law），和華盛頓所經過的法律程序，幾乎（不，不是「幾乎」，是事實上）完全一樣的。可是他的繼任國家元首，從黎元洪……曹錕、段祺瑞……張作霖……蔣中正……毛澤東……到李登輝、江澤民……，在法理學（jurisprudence）上說，就沒那麼光鮮了。

袁後李前的國家元首

袁之後且選幾個重要的後任總統看看：

黎元洪像美國的克利夫蘭一樣，一共幹了不連續的兩任總統。第一任（一九一六～一九一七）之糾紛已如上述。第二任（一九二二～一九二三）就更可笑了。那是「直系軍閥」先貴之、後賤之的結果。

在黎的兩任之間幹得最長的是徐世昌大總統（一九一八～一九二二）。徐是「皖系軍閥」所導演的「安福國會」所選出的。這個國會就是當時孫中山、陸榮廷等南方政客和軍閥所領導的「護法運動」中，所要打倒的對象，其法律地位亦可知矣。

這些總統幹得最愚蠢的是那位文盲大總統，布販子出身的曹錕。他花五千銀元一張票，在合法的國會之內，收買了一些「豬仔」議員去投票選舉他。終於當了個「賄選大總統」（一九二三～一九二四）。——這些「豬仔」和他們的買主，在法律上都應該是刑事犯，雖然豬仔們都是合法選出的。

其後繼曹而來的國家元首有所謂段執政（祺瑞，一九二四～一九二六）和張大元帥

（作霖，一九二七～一九二八），他二人連個「總統」名稱都不敢當，那就更無法律之可言了。

軍閥終於被打倒了。繼起的是國共兩黨「以黨治國」的政權。

〔附註〕共產黨的領袖們，尤其是毛澤東，硬說「以黨治國」是國民黨專有的「反動統治」的形式。他們的政權是人民直接建立的「人民政權」，不是「以黨治國」——這一點筆者不敢苟同。我認為「人民政權」的統治形式，也是「以黨治國」。——劉少奇、周恩來兩位革命領袖在臨終之前，口中念念不忘的都是「歷史是人民寫的」。在人民所寫的歷史書中，中共今天的政權也是個「以黨治國」的政權。這一結論我想一般讀者人民，都能接受的。

要言不繁：既然是「一黨專政」，「以黨治國」；以黨的「領袖」來代替國家的「元首」。那麼從「純法理」上說，則這種元首、總統、主席、大元帥……只是一種法律代用品（legal substitute）。因為「黨」與「國」，究竟是兩回事嘛！

就以「老總統」蔣中正先生來說吧！他老人家做了數任「國府主席」，但那都是國民黨「以黨治（代）國」期中中常會指派的。後來「行憲」了，當了國家元首的「第一任總統」。搞歷史的人不能說蔣總統不合法。他們只能說：「國家者，土地、人民、主權三要素之組合也。」在那「戡亂」未了時期，「三元素」一樣不全，那行憲總統也就不是三全總統了。

毛澤東不通西學，袁世凱土法煉鋼

等到毛主席打平天下，霸佔了「美廬」，那就更是無法無天一團糟了。中共建國以後，根據人民共和國的法律——先是「共同綱領」，後是「憲法」，老毛幹了兩任國家元首「主席」（一九四九～五四～五九），五年一任。依法毛主席是「選」出來的。可是毛公開聲明，他的元首地位不是選出來的。文革期間，毛對歐洲來訪的貴賓們就坦白地說：

有人說選舉很好，很民主，我看選舉是個文明的字眼，我就不承認有真正的選舉。（一九六七年五月一日毛澤東〈對阿爾巴尼亞軍事代表團講話〉，載一九六九

年中國出版只供「內部參考」之《毛澤東思想萬歲》，頁六七三）

既然沒有「眞正的選舉」，所以他一再說，「選舉我是不相信的」；「我們的國家是軍隊打的」（見一九六七年二月三日毛澤東〈和卡博、巴盧庫同志的談話〉，載同上書，頁六六七）。

毛公此言不打緊，但是我們讀史者就要替投票選毛的「政協委員」和「人大代表」們不平了。遙想當年出賣靈魂的老國會議員，他們選舉曹大總統的選票，還值五千銀子一張。如今選舉毛主席的選票，竟至「一文不值」?!豈非咄咄怪事？

再者，毛又自稱他「焚書阬儒」十倍百倍於秦始皇。事實上，他所直接、間接殺害的人數可能也超過人類歷史上，所有暴君殺人的總和！——他哪裡來這麼大的權力呢？關於他所掌握的生殺之權，毛氏也有一番怪論。他說：

> 清朝末年，一些人主張「中學爲體，西學爲用」。「體」好比我們的總路線，那是不能變的。西學的「體」不能用。民主共和國的「體」也不能用。「天賦人權」、「天演論」也不能用。只能用西方的技術。當然，「天賦人權」也是一種錯誤

的思想。什麼「天賦人權」？還不是「人」賦「人權」。我們這些人的權是天賦的嗎？我們的權是老百姓賦予的，首先是工人階級和貧下中農賦予的。（一九六五年十二月二十一日，毛澤東〈在杭州會議上的講話〉，載前書頁六二四～六二五）

有心的讀者士女，您讀到毛主席這一席話，您會感覺到毛骨悚然吧！毛公這位中華人民民主共和國的元首，居然認爲「民主共和國的『體』也不能用」，那用什麼「體」呢？君主專政？個人獨裁？

讀罷毛公此言，那我們又怎能多怪對「共和政體」沒信心，而要回頭去做皇帝的袁世凱呢？——孫中山先生晚年也曾對民主共和失去信心，所以改搞「以俄爲師」。張學良、蔣介石和許多「黃埔生」對民主共和失去信心，乃以墨索里尼、希特勒爲師，去組織褐衫黨、藍衣社。毛澤東、鄧小平等人則去學列寧、史達林。袁世凱這位中華民國第一任正式大總統，他生也早（比毛澤東大四十四歲），當他發現「民主共和國的『體』也不能用」時，列寧、墨索里尼、希特勒……這些洋老師都還未出現，他就只有回頭去搞「土法大煉鋼」，找雍正皇帝做老師了。——不怕不識貨，就怕貨比貨。寫傳記的人，月旦時賢，多學點比較傳記學，他對他的英雄（或狗熊），就會有更深一層的瞭解了。

民國獨裁領袖有共同次文化

再者，所謂「民主共和國」（republic）原是個徹頭徹尾的洋東西。對西學沒有較深的瞭解，卻偏好強不知以爲知，而又頗能舉一反三的老學者（包括很多遺老型的國學大師），和五四新青年（像毛澤東），往往對若干基本觀念也搞不清楚。若據此一知半解的標語政治學，一朝得志，便號令天下，怎能不誤盡蒼生？有心讀者如稍稍瀏覽毛公這一小段錄音講辭，便知講話者和他身邊的「英文老師」章含之小姐和李志綏博士等，都該打爛屁股。教不嚴、師之惰也。在這篇講稿裡毛公把英文的right（權利）和power（權力）都弄不清楚，而謬釋典籍，怎能不誤國誤己呢？

「天演論」裡的「天賦人權」者，天生吾民，與生俱來，不可剝奪之「人的權利」（human right）也。毛公所說「我們這些人的權是天賦的嗎？」這個「權」則是毛氏和他的大小幹部所掌握的生殺與奪之「權力」（power）也——分不清這個現代文明的基本觀念，而欲天下澄清，完成從帝制向民治的政治轉型，那就緣木求魚了。

但在這些基本教義的認知上，袁世凱有時反而較毛澤東更為虛心。對許多現代觀念的詮釋，袁還不敢強不知以為知。他要靠他朝中的一些博學鴻儒，什麼東西洋「兩顧問」，什麼「六君子」、「十三太保」等代為吹噓，加以解釋。「宰相要用讀書人」嘛！當續論之。

毛就不然了。他決定要做秦始皇，則宸綱獨斷，將相聖哲一身兼之，把六君子、十三太保等臭老九，也殺得精光。朋友，吾人啜茗獨坐，民國史一卷在手，褒貶之間，欲把袁、毛二公比較一番，則上述對待臭老九的態度，恐怕是他二人最大的區別了。

更有趣的是，筆者近月讀《袁世凱全傳》（侯宜杰著，一九九四年北京當代出版社出版）。全書凡四十四萬餘言，厚五百六十餘頁之鉅著。全書每見大陸上新發現之史料，徵引詳博，足見功力。然一字不遺細讀之，則知作者筆法仍不脫「竊國」（陳伯達）、「盜國」（黃毅）之舊調。在比較傳記學上著力甚微。青燈獨坐，筆者戲以鉛筆，把百十條作者評袁之辭上「袁世凱」三字劃掉，改以「蔣介石」或「毛澤東」三字補入之，再重讀全文，竟發現也切貼入微，天衣無縫。啞然失笑之餘，也恍然有悟——原來在近代中國「政治轉型史」中，我們的搞獨裁的民族領袖們，原是一母所生，有其「通性」。這在現代社會學上，便叫做「次文化」(subculture)了。——讀者士女，你我升斗小民，如果忽然黃粱一夢，做起了主席、總統或大元帥來，恐怕也要依樣畫葫蘆——這在近代中國政治轉型過程中也是一種「客觀實在」(且用個「辯證法」的名詞)。形勢比人強，任何人鑽入那個形勢，都逃不掉那種臉譜！歷史家如厚責於袁、蔣、毛三公，那就在「歷史學轉型」中開倒車，把現代歷史科學，又領回司馬溫公的「臣光曰」的老套路中去了。

沒有警察的警察國家

讀者如不憚煩，讓我隨手(眞的是「隨手」一翻)抄一段侯宜杰教授評袁之辭。我把袁世凱三字用×××代之。讀者可用袁、蔣、毛三公大名補入而重讀之。自己再「臣光曰」一下，就知道了。原文如下：

在×××的封建法西斯統治之下，人身自由毫無保障。在北京，有權逮捕人的機關有十餘處，最令人毛骨悚然的是京畿軍政執法處、京師警察廳和北京警備司令部。偵探密佈，軍警四出，人人自危，稍一不愼，即罹逮捕殺頭的慘禍。在「二次革命」期間，×××更是百倍千倍的凶狠，對反對者恣意殺戮，整個北京一片白色恐怖，暗無天日。議員伍漢持、徐秀鈞，工黨領袖徐企文皆被處以極刑。一般人慘遭殺害者不計其數。（見上引《袁世凱全傳》，頁三三六～三三七）

這一段極其精彩動人的有關獨裁者「次文化」的描述，對袁似稍嫌過分——非袁較蔣、毛仁慈也。是他的老特務東廠、錦衣衛、血滴子那一套，不夠現代化也（搞祕密警察也有其「轉型」的過程）。

這一段對蔣，尤其是對毛，則頗嫌不足。蓋蔣所搞的還是以德、義、俄、日爲師那種老式的「警察國家」（police state）；毛所搞的則是兼東西之長，已臻化境的「沒有警察的警察國家」（a police state without police）。這一老套路，我國自文武周公時代即已有之，所謂「使民戰慄」也。至始皇帝搞焚書、阬儒，偶語棄市，而登峰造極。其後漢唐酷吏亦間有發明。——毛公所搞的則是冶希特勒、史達林和秦始皇於一爐的，時人（包括侯宜杰教授）所說的「封建法西斯統治」。——用這套後文革名詞，袁世凱還不大夠資格！

我們中國人學習西方「共和政體」何以走上這條絕路呢？小可曲不離口，講了三十多年的「轉型論（病）」，和黑格爾、馬克思師徒的「辯證法」，均可從不同角度加以解釋。司馬光的「臣光曰的歷史哲學」也可解釋一部分——從行爲科學的觀點，回看司馬光的「才德論」，也有他的獨到之處也；畢竟是中國人說中國事嘛！至於辯證邏輯那一套，原是從純白種文明的經驗中發展出來的，套上東方文明，就死角太多了；「西方」的人權論，也跳不開這個框框——有暇當以歷史史實印證之，以就教於高明。歷史哲學若不以歷史事實加以說明，就是「空談」了。

要做僞君子，莫做眞小人

再具體的回溯一下。在清末民初的政治轉型運動中，轉來轉去沒個出路。到頭來大家都要搞「寡頭政治」，搞個人獨裁。此非袁、蔣、毛三公如此；中山亦不能免也。睹此，我們就可想像出問題之嚴重，不是司馬光的單純「才德論」所可規範了。

寡頭政治的最高形式便是做皇帝。事實上，在孫、袁、蔣、毛四人之中，大家的最後志願都是搞個人獨裁的最高形式（皇帝）。而在此項追求之中，反以袁為最「低調」（low profile）。他口口聲聲只想做個「君主立憲」制下的洪憲皇帝，那就於願已足了。洪憲者，洪（宏）揚憲法也。

可是毛澤東的幹法，豈是洪憲而已哉？他造憲毀憲。把個依憲法產生的國家元首（劉少奇）殺掉不算；再把個依「黨憲」產生的接班黨魁（林彪）也趕盡殺絕。最後還要把個潑辣荒淫的老婆（江青）培植成「秦二世」。這算啥名堂呢？

老蔣總統當年為爭取革命，趕走汪精衛，關起胡漢民。把個監察委員派作執行委員會主席。其後為培養經國二世，把康澤變成共俘，又驅除CC（陳立夫），氣死黃埔頭頭（陳誠）。最後還搞個「于右任」（余又任諧音）、「吳三連」（吾三連諧音）……，君主而不立憲——不也是個皇帝?!

縱使是我們的孫老國父，他也不是要黨員「按指模」，「盲從」黨魁。國父老人家「革命尚未成功」。他老人家如果革命及身成功，他不是個孫列寧才怪呢?!——做了列寧，那就不止是皇帝了；而是太祖高皇帝了。老實說，中山先生是有主義、有政治德行的政治家也。但是形勢比人強。在那時代的形勢之下（所謂「時勢」），他也只好做太祖高皇帝。

中山如係迫於時勢，蔣、毛又何獨不然？蔣、毛如為時勢所造之英雄，袁世凱又何獨不然呢？只是我們中國人搞政治最重「名、器」。

子曰：「唯名與器，不可以假人。」

蔣、毛二公雖都有做皇帝之實，而二人不敢蹈袁皇帝之覆轍，力避做皇帝之名。袁公之不幸，是他原無做皇帝之實，卻揹了個做皇帝之名。「皇帝」在「近代中國政治轉型史」中，被認為是「萬惡之源」。一個政客，一旦揹上做「皇帝」之惡名，他就會變成過街老鼠，人人喊打而遺臭萬年了。

可是一個野心政客如果想做皇帝，就眞的去搞個帝制運動，努力去做皇帝，這種政客雖是個「眞小人」；但是某些野心政客、寡頭獨裁者，他分明早已是個事實上的皇帝，而表面上卻偏偏偽裝成「主席」、「總統」去向人民打馬虎眼，那這種政客就是「偽君子」了。我們如從「社會倫理學」（social ethics）的觀點來看，則「做偽君子」反不若「做眞小人」之有道德勇氣也！

可是，朋友知否？在我們中國的政治圈內，做「僞君子」無傷也！您千萬不能做「眞小人」。何也？因爲在政治圈內耍政治的政客，哪一位不是僞君子呢？大家都是一丘之貉，狐鼠成群，爾虞我詐。兵來將擋，水至火迎。如入鮑魚之肆，久而不聞其臭。僞君子有啥稀罕？爲啥要大驚小怪呢?!

「眞小人」就不然了。眞小人的表現，第一是「率直」；第二是「笨」。這兩重德性，在政治圈內是不易生存的。縱能勉強生存，也要遺臭後世的。

我國政治史上，那位「治世之能臣，亂世之梟雄」的曹操，便是個眞小人。但是「天下無孤，不知幾人稱帝，幾人稱王」，他是有其安定漢末亂局之功勳的。可是他遭人辱罵，也是兩千年不能平反。

我民國政治史上，第一任正式大總統袁世凱，原也是個第一等大政客，僞君子。不幸受了兒子愚弄，群小包圍，以一念之差，偶一失足，變成了眞小人。——至今不能翻身，亦可嘆矣。讀者如有興趣，筆者如有時間，當續論之。

今值中華民國現任大總統正在「打拚」時間，我們第一任大總統的故事，對現任的政策與行爲，有無直接意義呢？

曰：其契機仍在「僞君子」與「眞小人」之間也。憶數載之前，愚有「黃石公園」之遊，曾親聞黃信介君的讜論曰：

「反攻大陸」，說得做不得。

「台灣獨立」，做得說不得。

說而不做者，僞君子也。做而不說者，眞小人也。前車可鑑！爲國爲民；爲歷史，爲眞理；爲愛護歷史人物；爲兩千一百萬台胞的福祉，吾深願當屆大總統（不是最後一任大總統），儘量做僞君子。千萬莫做眞小人也。

＊一九九六年二月二十五日脫稿於北美洲

原載於台北《傳記文學》第六十八卷第三期

二、從中原世族到朝鮮監國

袁世凱在近代中國元首中算是短命的，他只活了五十七歲。生於清咸豐九年（一八五九），卒於民國五年（一九一六）。比康有為小一歲；比孫中山大七歲。

袁的壽命雖短，而影響甚大，並且一生事業，階段分明。他在二十二歲以前，和洪秀全、胡傳（胡適的父親）、康有為少年時期一樣，科場失意；屢考不中，可說是個落泊少年。可是在二十二歲投軍之後，正值朝鮮多事。翌年他跟隨吳長慶的「慶軍」，東渡援韓，迅即脫穎而出。年未三十，他已變成清廷派駐朝鮮的最高負責官吏。甲午戰爭爆發，袁氏潛返天津，倖免於倭人之追殺。甲午戰後，袁因有「知兵」之譽，被李鴻章薦往小站練兵，竟練出一支當時中國最現代化的「新建陸軍」。他這支七千人的小小武裝，在戊戌政變（一八九八）帝后之爭中，被帝黨的維新派看中，想利用以翦除后黨，被袁暗拒。因此「變法」失敗，光緒被囚，六君子被殺，袁亦以背棄維新派，而揹了破壞變法的惡名。

庚子（一九〇〇）拳亂突起。袁於前一年底奉詔率其小站新軍去濟南，繼滿人毓賢為山東巡撫。毓賢為組訓拳民來「扶清滅洋」的始作俑者。不容於洋人；改調山西。袁繼任後乃一反毓賢之所為，對拳民大肆鎮壓。義和團運動乃自山東移入直隸（今河北省），竟為西太后及青年皇族親貴所接納，終於惹出了「八國聯軍」之大禍。在這場國難之中，袁世凱也是毀多於譽的關鍵人物。被現代史學家所詬病，至今未能平反。

八國聯軍之後，李鴻章積勞病死，力薦袁世凱繼任為「直隸總督、北洋大臣」，事實上便是當時大清帝國的宰相。此時袁氏四十二歲，正値壯年。而大亂之後，百廢待舉。西太后以老病殘年之身，吃一塹長一智，亦自覺朝政有改制變法之必要。袁氏在太后信任之下，更成為清末新政的重心所在。——無奈世凱在戊戌時為帝黨新派嫉恨太深，時遭掣肘。一九〇八年十一月光緒帝與西后於一週之內先後死亡。溥儀即位，光緒胞弟攝政王載灃監國，對袁世凱乃力圖報復，欲置之死地。世凱雖倖免於難，然旋即奉旨開缺回籍，做了「離休高幹」。可是朝中也就繼起無人了。

這時袁氏五十歲，精力猶旺，而久掌軍政大權，羽翼已豐。雖被迫退休回籍，然國中一有變亂，彼勢必捲土重來，時人皆可預測也。果然袁氏「退休」未及三年，武昌城內一聲砲響，辛亥革命爆發起來，顢頇的滿族親貴應付不了；這位「洹上釣叟」，收起了釣竿，重握槍桿，就再掌政權了。——這便是「辛亥革命」前，那位後來做了「中華民國第一任正式大總統」的袁世凱學歷和經歷的大略。

一個有重大影響的政治人物，他一身成敗的因素是很複雜的。我們看「辛亥前的袁世凱」，他以一位「考場失意」的青少年，竟於短短的二十年中竄升至大清帝國的宰相，不能說不是一帆風順。其所以然者，衆多歷史家和傳記作家雖各說各話，但是大體上他們也有若干共同語言，那就是袁老四基本上不是個好東西。人之初，性本惡。國、共兩黨的黨史家也就把老袁形容成比曹操還要壞的壞人。筆者由於家庭背景的關係（詳下節），接觸袁氏各種史料，包括「街談巷議」，至今也有六、七十年之久了。早年由於不同史料的影響，對袁的看法亦時有起伏。——大致在十歲之前吧！我就聽到一則顯然是外人編造的袁某看戲的故事。信以爲眞，而恨死了「袁世凱」。

這故事是：某次袁看京戲《捉放曹》。當曹操說出「寧我負人，毋人負我！」這一句話時，袁世凱搖搖頭說，曹操太無用了。他那時如果把救他一命的恩人陳宮，也一起殺了，這句惡言哪會流傳千古呢？我記得說這故事的老鴉片鬼，更開玩笑的說，袁世凱也太無用了。既有此意，看戲時又何必說出呢？他不說出，又有誰知道他「比曹操還壞呢」？——這故事一出，一屋老頭子笑聲震天。我那時是坐在屋角裡的小娃兒，居然也聽懂這故事，也跟著大笑，其情至今不忘。——後來我長大了，才漸漸瞭解到，這則動人的故事，應該是說相聲的人編造的，但是我對袁世凱的其他眞實的「惡行」，如幼年是紈袴子，不讀書；中年是封建官僚，出賣「變法」，「鎭壓農民起義」；老年更一壞到底，「背叛民國，妄圖帝制」等等，也認爲都是惡跡昭彰，「罪無可逭」的。

我這項信念，抗戰時期在沙坪壩上讀歷史，才第一次發生了動搖。郭廷以老師在班上說，袁世凱在朝鮮十二年是愛國志士之行。「袁世凱居然也做過『愛國志士』？」這對我是個小小的啓蒙。後來私淑於胡適老師之門牆，老師一再告訴我要「不疑處有疑」。「不疑處有疑」，那就是一項智慧經驗上的震撼了。及老，閱人更多，近現代中國歷史的發展亦漸有軌跡可循。論史論政，固不敢自詡是十分客觀。然無欲則剛，心平氣和，則時以自勉也。今日爲袁氏史傳再發掘，只敢說以心平氣和之言，以就教於心平氣和的讀者罷了。——請先從袁世凱的家世與幼年說起。然限於篇幅，只論其可評可議者，不及其他細節也。讀者賢明，不論知我罪我，均盼隨時賜教也。

聊聊咱傳統中國的家族制

在傳統中國裡，家族背景，對一個官僚的政治行爲是有其決定性影響的。但是家族究竟是個什麼東西？亦擬從宏觀史學的角度，不揣淺薄，略加詮釋。

旅美民族學家許朗光教授，曾以三個C字打頭的英文名詞：clan（家族）、club（社交俱樂部）和caste（印度階級制），來概括中國、美國和印度三種迥然不同的社會結構。筆者久居聯合國所在地之紐約，亦嘗與役印度，再返觀祖國。涉獵許子之書，眞是心有戚戚焉。

我祖國者，實世界各族中別具一格之「文化整體」（cultural entity）也。論其傳統政治社會的組織形式，則是國家強於社會；職業官僚層層節制之農業大帝國也。論其社會階層則以士農工商爲序;而貫穿其間者,則爲其基本結構之家族也。

傳統中國裡的家族組織之嚴密,其所負擔的社會職責之重大,實遠非美國之社交俱樂部(包括教會),所可比擬。而中國士農工商之社會階級則可相互轉移(transferable),不若印度階級之壁壘森嚴,絕不容相互踰越也。

傳統中國既然是「國家」(state)獨大,則加入國家的管理階層,換言之,也就是「入朝爲官」,便成爲全國人民所共同嚮往的最尊貴的職業了。一朝爲官,則名利、權勢、榮耀、智慧、黃金、美女……,凡人類七情六慾上之所追求者,一時俱來。官越大、權愈重,則報酬愈多。——因此小人之爲官也,則毋須殺人越貨、綁花票、搶銀行。賊之所需,官皆有之。俗語所謂「賊來如梳,官來如剃也」。君子之爲官也,則聖賢之志,救世濟民;菩薩心腸,成佛作祖,皆可於官府之中求之。毋須摩頂放踵,吃素打坐也。

可是爲官之道,唯士爲能。農工商不與焉。俗語說「行行出狀元」,那是「舊中原」裡的土阿Q,自寬之言也。——行行皆可嗽飯,原是事實。「出狀元」則只此一行,外行就沒有了。——凡此皆足使來自異文化的觀察家,爲之瞠目結舌,認爲古怪的支那，爲「一條出路之社會」（a single-career society）。英雄億萬，出路只有一條，則此路之大塞車，就可以想像了。

因此仕途雖窄，依法除少數倡優賤民，和近代所謂「禁治產人」之外，人人可得而行之。這就是唐太宗（生於公元五九九年，在位六二六～六四九）以後，千年未廢的「科舉」了。但是考科舉卻與買「樂透獎券」無異也。購者千萬、得者萬一。吾人讀史千年，書本上所接觸的什麼三公九卿、州牧刺史、封疆大吏、中興名臣……所謂「科甲正途出身」者，也都是「樂透得主」也。只是故事讀多了，就見怪不怪而已。至於「樂透失主」的悽慘情況，就很少人注意了。

記得多年前讀中文版《讀者文摘》，有文曰：「老兄，你是個奇蹟」。何奇也？原來人類在母體中結胎時，卵子只有一個，而向其蜂擁而來，爭取交配的，則精子十萬也。胡適有詩曰：「雖一人得獎，要個個爭先。」十萬取一，才變出老兄；則老兄豈非奇蹟哉？——因此上述的科甲正途出身的達官貴人、名公巨卿，也都是「老兄式」的，科舉制度下之「奇蹟」也。

再者，在咱古老中國裡，沒啥「人權」也。因此我們那些學富五車的「國學大師」

，和讀爛《資治通鑑》、《紅樓夢》和《金瓶梅》的偉大舵手、偉大領袖毛主席，也不知啥叫人權（詳上篇）。何也？因爲「人權」的基礎是西方的「個人主義」(individual-ism)，而個人主義又是西方「民主政治」的基礎。可是獨善其身的個人主義卻是我們東方人（尤其是中國人），所最瞧不起的德性。——傳統中國的社會基層單位，不是個人，而是上引許教授所說的家族也。

中國的家族原像一窩蜜蜂，上有蜂王（毛主席、蔣總統、鄧上皇），下有蜂群（工蜂、雄蜂）。大家吃大鍋飯，分工合作，共存共榮。一個傳統家族往往是個孔孟主義之下，「五世同堂」的迷你共產主義的大同世界。「共產」搞久了，各房兄弟吵架，要「分家」、要「析產」。分出的各「小房」，還是個吃大鍋飯的「迷你共產主義」！

這個古怪現象，不特熟讀《紅樓夢》、《金瓶梅》、《金粉世家》的小說讀者，知其細節。甚至是許多老到像筆者這樣的「中國人」，都是親身經歷過的。——我想這一現象，今日的「台灣人」家族中可能也還有。十多年前筆者在桃園縣訪問過的一戶張家，便是如此。大陸上肯定也還有。至少第一家庭，首戶鄧家，據說便是如此。吃鄧小平先生家大鍋飯的，傭工之外，老少主人便有十餘人之多。至於他們是否分過家、析過產，那就要去追問我的同行歷史家毛毛了。——不論毛毛如何說，今日北京鄧府，便是近代中國「家族轉型史」中活生生的過渡現象。老祖父憐兒惜孫，還貪戀那「五世同堂」之「福」。（老蔣公亦如此也。所以他把嫡孫一個個的寵壞；庶孫見不了爺爺，就反而變成佳子弟了。）——我保證，鄧老祖父一死，除家庭派對之外，他們鄧家便再也不會有十餘人同吃大鍋飯的事了。歷史三峽之水，不能倒流也。但是這一父慈子孝、兄友弟恭的東方傳統人倫，是不會泯滅的。它將是「後西方時代」，中國造產品，出口轉內銷的主要項目之一也。

舊中原的官宦之家

在試撰上節的兩千字衍文之前，在下曾咬筆甚久，原思整節刪去而終未果行者，蓋中國傳統家族制，今已迅速轉型。它對老輩「中國人」、「外省人」或「榮民老兵」，固屬老生常談。而它對四五十歲以下的「台灣人」、「本省人」、「眷村子女」和「海外華裔」，甚至文革以後的大陸同胞，就是和「辮子」、「小腳」一樣的骨董了。——不把這些骨董搞清楚，那我們對「袁世凱」這件古玩，也就不大容易說得明白了。

袁世凱便是出生於河南省東南部項城縣，一宗累世以農爲業，聚族而居的大家族。在這種家族裡，扶植聰穎子弟，讀書上進，參加科舉，幾乎是闔族的事業。偶有佳子弟，「連科及第」、「爲官爲府」（鳳陽花鼓的鼓詞），他不但可以榮宗耀祖；闔族上下，都可雞犬升天。——只是這一「樂透大獎」不易取得。屢試不第，乃是士子之常情；榜上有名，那才是意外。

筆者出生的那個合肥唐家，今日有高速公路可通，與項城之間半日車程耳。所以在滿清時代，皖北和豫東經濟和文化的客觀條件，幾乎是完全一樣的。只是可憐的我們唐氏老農，歷大清二百六十八年之中，只考中了一個秀才。——俗語說：「窮秀才，富舉人。」考個秀才，管屁用？其慘可知也。不服氣而去造反，在中國歷史上，也只有張獻忠、洪秀全等寥寥數人而已。其他千百萬「屢試不第」者，包括我的老祖宗和曾國藩的爸爸曾麟書（他老人家也前後考了二十五年未考取），就「認命」了。

項城袁家，顯然原來也是屢考不第的，以致數百年沒沒無聞。——想不到到了滿清末葉的道光年間（一八二一～一八五〇），他們袁府忽然一聲春雷，大「發」起來。父子進士，兄弟舉人，一時俱來。不數年間，項城袁氏一下便從畎畝小民，變成官宦世家了。

今且把侯宜杰教授爲他們早期袁家所做的世系表複製如下。再以諸家之說分析之。

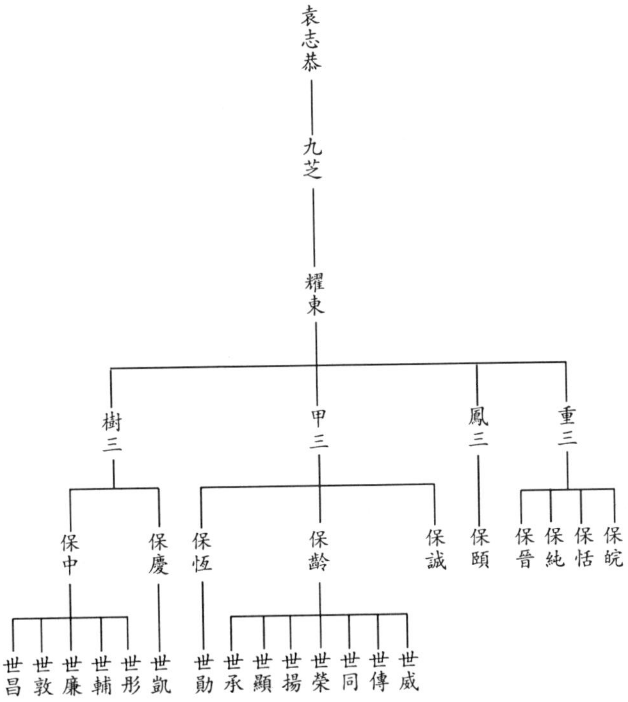

袁氏世系表

（錄自《袁世凱全傳》第五頁）

在本表中，我們可看到袁耀東（可能是個屢試不第的老童生，三家村老塾師，所謂「世業儒」者也。見《容庵弟子記》），他有子四人：樹三（一八〇一～？）、甲三（一八〇六～一八六三）、鳳三、重三。長三子均爲或考或捐（出錢買）的秀才。但是次子甲三卻「連科及第」。中舉之後，又於道光十五年（一八三五，鴉片戰爭前四年）在北京考中進士。——舉人和進士是不能花錢「捐」的。

甲三與曾國藩（一八一一～一八七二；一八三八年進士）同時；稍長於李鴻章（一八二三～一九〇一；一八四七年進士）。在他學成則仕期間，正值清末內憂外患最烈之時；亦是漢族文臣開始帶兵習武時期。因此甲三和曾、李一樣，在剿滅太平軍和捻軍的戰役中，都是立有軍功的文職大臣。甲三不幸只活了五十七歲。官運方隆時，就一命嗚呼了。

甲三的長子保恆（一八二六～一八七八）也是道光三十年（一八五〇）的進士。比他父親的進士晚十五年；比李鴻章的進士晚三年。他和李同時；一直也是李鴻章的得力助手。文事武功也都烜赫一時。可惜袁保恆也只活了五十二歲就死了。因爲他曾作過翰林院編修，所以卒諡「文誠」。在滿清頒贈諡法的慣例中，只有生前曾入翰苑，死後才能諡「文」字，如曾文正、李文忠、張文襄……等等。保恆諡「文誠」，其父只諡「端敏」，是子勝於父也。

他們的父子進士之外，樹三的幼子保慶〔一八二九～一八七三；此處房兆楹在《清代名人傳略》（*Eminent Chinese of the Ch'ing Period, 1644~1912.* Edited by Arthur W. Hummel. Washington: Government Printing Office, 1943~44. 2 vol. Reprinted by SMC Publishing Inc. Taipei, 1991.）誤爲一八九三，今順便校正之〕，和甲三的次子保齡（一八四一～一八八九）也同爲舉人。這使我想到我唐家那些老祖宗，考了兩百年，只考出過秀才來；二者之間，眞是不可以道里計了。不過據說我的老祖宗們在清初也有藉口，說他們是難民，「義不食周粟」。大明遺氏，不屑要滿虜的「功名」。——沒個考科名的傳統，等到子孫要想圖個把功名，就考不到了。

可是在這點「酸葡萄」之外，我還是要提醒讀者，帝制時代考科舉，原是十考九不取的啊！——屢考不取，才是正常現象；考取了才是反常和意外。不是書讀得好，就一定可以高中的。當時人稱做：「一命二運三風水，四積陰功五讀書。」——讀書只是參加科舉五要件的末項。

他們袁家的「三」字輩和「保」字輩，在道光年間，忽然來個「父子進士，弟兄舉人」，大紅大紫了一陣子。到「世」字輩、「克」字輩，便再度滑坡，又屢試不第了。再者，袁府最得意的兩輩祖宗甲三和保恆兄弟行，壽命都很短：甲三算是最高壽，只活了五十七歲。其後保恆五十二；保齡四十八；保慶則只活了四十四歲。可說都是死在壯年。據說袁府其他「保」字輩兄弟，也都壽命不長。

袁家這個短壽的傳統，對後來做了總統的袁世凱，也是他生命中很大的壓力——他在五十五、六歲的時候（與國民黨和日本鬥爭最激烈之時），他就怕他自己也餘日無多了。

他既有這樁迷信的恐懼，「大太子」袁克定，以迷信治迷信就乘虛而入了。克定認爲只有做皇帝，做「眞命天子」，才能突破他們袁氏家族傳統裡的生死大關——項城顯然是聽信了太子之言；墮入「欺父誤國」的太子術中，才決心稱帝的。——這也是民國史上「迷信影響政治」的實例之一吧！

朋友，你以爲民國領袖中，只有一個搞封建帝王之術的袁世凱，才迷信嗎？非也。那位基督大總統蔣中正、無神大導師毛澤東，其迷信的程度皆不在袁皇帝之下；非關本題，就不用多說了。

以上便是出了個總統兼皇帝之袁世凱的舊中原地區，農業社會之結構與運作的大略情況。至於李登輝總統最近所號召的「新中原」的遠景若何，筆者就無從逆料了。還是靜觀其變再說吧！

以下再談談袁世凱其人。

袁世凱和他的兄弟行

袁世凱是袁甲三長兄樹三的孫子；是樹三長子袁保中的第四子（見上表），他出生時正值袁家在內戰中，打了個小勝仗，故取名世凱。保中也是個秀才，生子六人。世凱行四，俗呼「袁老四」。這六兄弟中只世敦一人爲保中元配所生。餘均側室（姨太太）之子，在傳統的宗法社會裡叫做「庶出」。——世凱晚年欲葬生母劉氏（已扶正），於項城祖塋「正穴」，爲世敦所峻拒。一般史家包括房兆楹夫婦和陳志讓、侯宜杰，都認爲是宗法禮教中的「嫡庶之爭」，實非也。他兄弟之失和，蓋起於拳亂時期。庚子前世敦原在山東任「營官」，補用知府，前途看好。迨世凱出任山東巡撫時，背景堅實。政敵卿恨，然無奈他何，乃殺雞儆猴，拿乃兄開刀，說世敦縱勇擾民，予以革職，並驅逐回籍。世敦大好宦途，頓遭摧折。此事分明是世敦代弟受過，而世凱不但未加維護，或不無棄兄自保之嫌。以致世敦含恨在心。迨世凱返籍葬母，乃藉口庶母不應入正穴，而予以難堪，以洩私憤。氣得世凱亦永不再回項城故里，而寄居彰德（今安陽市）——此是後話。因諸家頗有異辭，故於此順補一筆耳。

世凱生父袁保中可能只是個「捐班秀才」，卻生子六人；而他的胞弟「舉人大老爺」袁保慶，則年近不惑（四十），膝下猶虛。經過家庭會議，乃把七歲的世凱過繼給胞叔保慶爲子。〔見上引房文及哥大所編《民國名人傳》，卷四，頁七九（*Biographical Dictionary of Republican China.* Edited by Howard L. Boorman & Richard G. Howard, in 4 vols. New York & London, Columbia University Press, 1971. vol. 4, p.79.）〕自此他就跟隨養父及養母牛氏生活。保慶宦途不惡，最後官至江蘇「鹽法道」任職南京。道員是當時府縣之上的高級地方官。隨父在任的小世凱，當然也是個尊貴的小「衙內」。不幸的是袁道台未幾即死於任所，年方十四的世凱就只好奉母回籍了。翌年世凱的生父袁保中，又病死項城故宅。越年兩喪，世凱母子就是不折不扣的寡婦孤兒了。——袁氏兩代顯宦，雖然不愁衣食，但他們畢竟是孀婦孤雛。反袁的作家，總歡喜說世凱幼年在南京花天酒地。其實十三四歲的孩子，又能花天酒地到哪兒去呢？

十五歲以後的袁世凱，便被他堂叔袁保恆翰林接去北京，繼續其科舉教育的「帖括之學」（習作八股文）。在親喪「服闋」（三年）之後，他在堂叔嚴厲的管教之下，顯然是以「監生」（捐來的秀才）身分回開封參加「鄉試」而落第。三年後再考，還是落第。——保恆自己是科甲出身，乃鼓勵其姪再接再厲，然世凱自知久困科場之非計，在此期間，他已與于氏夫人結婚，就永別科闈，另尋出路了。

後世之論袁者，每說他是紈袴子，不用功，故兩試不第。在下卻不以爲然也。蓋當年科舉考試，誰能期其必中？試看長袁一歲的康有爲——嶺南名士，一代大儒，文膽梁啓超的業師，不能說讀書不用功吧！然康某考舉人，五試不售，困於考場者十八年。可算是十分慘烈也。以故世凱終於投筆從戎，未始不是個明智的抉擇。

小欽差，大監國，抗日反帝

前節已言之，當年科舉時代，落第士子是慘不忍言的。自己前途暗淡不說了，舉家乃至閤族的失望，才使你痛不欲生呢！洪秀全天王落第歸來，一病四十日不醒。終於見到上帝爸爸的故事，在那個時代，說來也不算稀奇，只是各種上帝的訓示不同罷了。筆者這一輩老華人，系出舊中原，去古未遠，幼年時聽到有關科場的故事多著呢！

所以袁世凱青年時代的遭遇，不是什麼例外。他和長他十八歲的胡傳（一八四一～一八九五，胡適之父）落第後的故事，簡直如出一轍。胡傳落第後去投奔吳大澂（一八三五～一九〇二）；袁世凱落第後去投奔吳長慶（一八三四～一八八四），都是不得已而為之的。

據當年淮軍遺族傳言，世凱第一個投奔對象原是較高級的劉銘傳（一八三六～一八九六）。劉不納，乃改薦他去山東登州投吳長慶。從此便一帆風順了。

長話短說，袁世凱在朝鮮十二年的工作和成就，大致可以歸納於如下數項：

一、敉平朝鮮「壬午（一八八二）兵變」

一八八二年，朝鮮在日本暗中煽動下，發生兵變。清廷派丁汝昌率海軍三艦；吳長慶率陸軍（慶軍）六營赴援。終執大院君至華，並驅逐前來干擾之日軍。此時袁世凱才二十三歲，任慶軍營務處。幾乎一手戡平此亂，而嶄露頭角，朝野衆口交讚。事詳不備述。

二、督練親軍、整理財政，再平「甲申（一八八四）之亂」

此時朝鮮內部之糟亂有甚於中國。世凱爲練軍四千人以自衛；並爲整理財政以自給。迨朝鮮親日派勾結日人，於甲申十二月再度發動政變時，世凱臨機應變，獨排衆議，加以鎮壓。日本勢力，第二次被逐出朝鮮。

三、護送大院君返朝（一八八五年十月），出任商務委員，作駐韓「小欽差」，撐持危局

此時世凱不過二十六歲。但其後九年他在朝鮮竟然大權獨攬，做了藩邦實際的「監國」。頤指氣使，縱橫捭闔，不但三韓朝野大爲懾服，環伺的日、俄、英、美、法五大帝國主義，亦瞠目結舌，無如之何。——可惜的是大廈既倒，一木難支。甲午平壤兵敗（注意：此非袁氏之過），世凱於最後關頭，始奉命匆忙撤退。日人此時恨袁入骨。袁公如不幸被俘，其下場不會比一九二八年「濟南慘案」時的交涉員蔡公時更好也！

打赤膊，持大刀，翻牆頭

關於袁世凱在朝鮮這段掌故，筆者在幼年期即耳熟能詳。因我家原是淮軍遺族，傳聞滋多，而廬江吳家（吳長慶的家庭）亦是先母的外婆家。吾幼年即曾隨表兄弟輩，嬉戲於吳家花園。男孩淘氣，某次以竹竿搗下巨大蜂巢，被數千黃蜂追逐，幾遭不測，如今記憶猶新也。——那時去古未遠。我記得還看過吳長慶逝世時，朝鮮國王所遣專使致祭的禮品。

不過斯時的吳氏遺族對袁的評論，幾乎全是負面的。他們認為袁對他們的延陵公是忘恩負義。——吳長慶於壬午之役曾「打赤膊，持大刀，翻越韓國宮牆……」，眞是功莫大焉。誰知其後小小的奸臣袁世凱，在中堂（李鴻章）之前進讒言，化功為過，被斥退回籍……云云。

等到我在郭廷以老師班上聽到袁世凱的故事，再在各種參考書內發現袁世凱竟然是個「現代班超」，始豁然有悟。——原來當年朝鮮那樣複雜的「內憂」（派系傾軋）、「外患」（五大帝國主義環伺）的局面，實在不是一位「打赤膊、拿大刀、翻牆頭」的老外公的老外公，所能應付得了的。所以最後被「中堂」褫職，返鄉務農。

後來李宗仁先生也告訴過我一則，他把那最忠於他，也是「打赤膊、拿大刀」，武功赫赫的老部下何武將軍，褫職還鄉務農的故事。李說「何武的軍職只能到此為止」（

見《李宗仁回憶錄》第十五章末段），使我不禁聯想到我那「打赤膊、拿大刀」的老外公的老外公的故事，不禁大笑起來。

不過那時應付不了高麗那樣複雜局面的人，又豈止那位打赤膊的吳長慶？縱是「大魁天下」的張狀元（謇）；一代大儒的馬建忠；學貫中西、官至宰輔的唐紹儀；身任駐朝督辦的吳兆有；商務委員的陳樹棠，也照樣應付不了。國內六部九卿中的幹吏能員，也找不出一個才能應變的官吏，可以肩挑此一重擔。

量材器使，李鴻章找來找去，只有這個二十幾歲的小毛頭，一代「奇才」（吳大澂評語）、「治世之能臣，亂世之梟雄」的袁阿瞞，足當此任——勝任愉快，甚至游刃有餘！

傳統「宗藩關係」的最後忠臣

記錄袁氏在朝鮮這段不平凡經歷的史傳，而能遍用東西史料者，當以吾友陳志讓教授最爲深入。然志讓的《袁世凱（一八五九～一九一六）的紫（黃）袍加身》（Jerome Ch'en, *Yuan Shih-k'ai, 1859~1916: Brutus Assumes the Purple.* Stanford

University Press, 1961）及其續編諸書，皆雅善敷陳；至於袁氏在中國歷史發展中，所扮演者究係何種角色，則未言其詳也。台海兩岸史學界，近年所見涉及袁氏之專著，當以上引侯君《全傳》，最為翔實。書中所發掘之新史料亦最多。關於在朝鮮之一段，則譏刺多於分析，亦美中不足也。

蓋中朝關係原為已有三千年歷史的東方文明中之「宗藩制度」的一環。吾人治比較史學，固知東方民族史中之「宗藩關係」，與西方民族史中之「帝國主義與殖民地之關係」，絕不可混為一談！二者是截然不同的兩種制度。言其詳，則千頁鉅著，不能竟意。——今且試言其概念。

西方殖民主義之要點在強者剝削弱者。剝削方式容有不同，規模大小、深淺亦各異其趣，然其基本原則無異也。

須知東方（基本上是中國）的宗藩制度，實源自周初的封建制。據可靠史料如清人顧棟高所撰《春秋大事表》，春秋時代（公元前七七〇～前四七六年），周天子之下有二百零九個「諸侯國」。其中與天子同姓者有五十二國。國有大小；諸侯名位有高低（分公侯伯子男五等）。天子與諸侯之間，都有若干義務要遵守，相輔相成。但是他們之間，卻沒有「剝削」的關係。——因此他們之間的情勢，就很像今天的「聯合國」。

聯合國今日有一百八十五個「會員國」。大的會員國之下還有若干「附庸國」（dependent states），像英國的百慕達和香港；美國的波多黎各和關島。加起來也有二百一十七個代表單位之多。——兩者之間連數目字都十分接近。眞是無巧不成書。

今日的聯合國對它的會員國有許多義務，如解釋法理、保護安全；乃至提升經濟、衛生、文敎、環保等等之工作。聯合國如本身有力量，則由「安全理事會」執行其義務。這在我國周朝，便叫做「禮樂征伐自天子出」。——如果聯合國沒力量，要由美國來代勞去打韓戰、越戰、波斯灣或台灣海峽……，這在周朝便叫「王綱解紐」、「禮樂征伐自諸侯出」。大諸侯齊桓公如美國，可以「九合諸侯，一匡天下」。

所以中國傳統上的「宗藩關係」，也就是諸侯與天子的關係。很像今日「聯合國」和一百八十五個「會員國」的關係。彼此之間有義務要相互遵守。彼此之間卻沒有剝削與被剝削的關係。他們之間不同之點便是，中國古代的「宗藩制度」裡有一個「天子」，不像今日聯合國裡只有個宰相（祕書長），而沒個皇上；中國古代有「王畿千里」、「帶甲百萬」，今日聯合國只有啇地十餘英畝，警衛數十人而已。——但是他們在國際關係上所發生的「作用」（function），則極其相似也。

中國古代這種國際關係的組織形式，在秦始皇統一中國（公元前二二一年），廢封建、立郡縣之後，在中國本土，就名存實亡了。但是他在中國中央政府與四鄰的少數民族之間，卻一直活生生的存在著，至今未廢！——細說需有專書，今且讓我們只重複一句：中國中央政府與四鄰少數民族的「宗藩關係」，是一種古代東方的「聯合國」與「會員國」的關係。這種國際關係，歷經秦、漢……，通過唐、宋、元、明、清凡兩千餘年，雖時有起伏；但在基本性質，甚至形式上，和其他制度（如家族、宗法、婚喪、教育、文化、考試等等）一樣，根本沒有變動。

若論其「歷史作用」（historical function），則是一個東方「文明整體」（cultural entity），或「宇宙國家」（universal state）中，「細流」（tributaries）逐漸融入「主流」（main-stream）的「歷史程序」（historical process）。

但是這種東方式的文化「熔爐」（melting pot），是一種「自然的組合」（natural course）。其中絕少經濟因素；更不靠武力征服。——他們宗藩之間是有戰爭的；有時且十分激烈。但這種宗藩之爭的「頻率」（frequency），卻遠不及「藩藩之爭」

(war between vassal states) 或少數民族內部的「部落之爭」(tribal wars) 的百分之一！而且有時是為維持「區域和平」(regional peace) 所發動的「保安戰爭」(peace-keeping wars)，如今日聯合國之在波士尼亞，及非拉等地所發動者，均頗有其苦心也。蓋有時用和平方式，如發給西藏之「金瓶」，讓其以抽籤辦法解決政權「繼承之爭」(wars of succession)；解決不了，則以「武力仲裁」(military tribunal) 之。

再如越南在前清嘉慶時代，初告統一，乃向宗邦大清政府申請以「南越」為藩國國號。南越為古代大國，佔地甚廣，嘉慶帝恐其藉口侵略鄰邦，乃反勾其名，成為「越南」。亦為區域和平著想也。筆者曾有拙著專論之，不再重複。所以近年越南侵寮、侵柬，嘉慶帝如仍在北京，當有明詔制止之也。不奉宗主明詔，便命大將鄧小平發兵「懲」之！

總之，我們東方文明在人類歷史上，也曾撐過半邊天，漢家自有法度！只不幸這種舊法度在鴉片戰後，在西方文明挑戰之下，已不能繼續存在。衝激於「歷史三峽」之中，隨波逐流，它就非「轉型」不可了。

長話短說。袁世凱這個不世「奇才」，這個「治世之能臣」，便是在這中韓「宗藩關係」轉型末期，不顧一切，死命「打拚」的一位可泣可歌的民族英雄；也就是抗戰初期堅守「四行倉庫」的謝晉元也。明乎此，我們對當年袁世凱在朝鮮，打拚些什麼？又如何個打拚法？就可思過半矣。

「唯利是圖」竟成國際道德

須知朝鮮當年的一切，正和中國國內一樣，政治、社會皆在青黃不接的「轉型」期中。

首先在宗藩兩國的朝廷認知中，「朝鮮爲大清之屬國」（早期韓政府向列強行文的國書上，便是如此自稱的）就含意不明了。——吾人今日讀史，尤其是今日南北韓人民讀史，讀到這一段，那眞是深惡痛絕，認爲韓王何以如此下賤。這種心理在現代史學上便叫做「現時觀念」（present-mindedness）了。吾人讀史治史，不可以爲時不過百年的「現時」價值觀念，去強姦古人。遙想當年勢能九合諸侯的齊桓、晉文（現代的羅、邱、史），不但不以「大周屬國」爲恥；且以大周屬國爲榮。韓「王」自稱爲「天子」屬國，已逾兩千年。日本且一度以不能爲天子屬國爲恥，而痛恨韓人之橫加阻擾呢！

朋友，我們東方的政治哲學，是以倫理學爲基礎的。它是不鼓勵以「國」爲單位，去搞「種族主義」和「部落戰爭」的。我們的孔孟之道是「敬天法祖」，要統治者知「天命」、行「天理」、做「天子」，有教無類；看到「百武彗星」橫行太空，「天意」示警，要下詔罪己……，認爲朕躬於「德」有虧。大明亡國時，許多三韓士子，也搞「反清復明」。認爲滿虜愛新覺羅，入主中國，其「德」不足云云。余讀韓儒所撰《熱河日記》，眞是感慨良多。總之，咱東方政治哲學，自孔孟而後，主旨是「仁義而已矣。何必曰利！」這雖是個通天大牛皮，但是吹牛皮的政客（包括我們的蔣總統、毛主席），至少還「要臉」。

西方的政客，尤其是搞國際外交的政客，最大的特點，就是「不要臉」。絕口不談「仁義」，公開的唯「利」是圖。

就如這次海峽危機吧！美國政府送來兩組大砲艦，氣勢凌人。你問它所爲何來？山姆大叔本可吹吹牛嘛：咱爲維護民主，伸張正義而來！——多冠冕堂皇啊！它不此之圖，在國內宣傳的主旨，卻是曲不離口的「維護American interest; American interest!

」（爲著美國的利益！美國的利益！）它不如此宣傳，便會使美國選民，怪他們政客「師出無名」——下流吧！

其實西方古代的政治哲學，也並不如此。這種下流哲學實始自白色帝國主義興起之後的代言人馬基維利（Niccolo Machiavelli, 1469～1527）。「馬基維利主義」一出籠，有能力的西方的政客，都變成「寧我負人，毋人負我」的曹孟德了（威爾遜博士可能是少數的例外）。——毛澤東很欣賞尼克森。就是因爲尼克森「美國利益」不離口，反倒是一個坦白的眞小人。——其實毛公有所不知，自馬氏哲學（包括馬基維利和馬克思）風行之後，倫理學中的義利之辨，已經換了位置。我們孟夫子所討厭的這個「利」字，在現代西方倫理學，尤其是政治學中，早已變成了一個「道德名詞」（moral term）。因此「保護你自己的利益」（Protect your own interest），以至保護你國家的利益，便反而成爲道德哲學中，至高無上的道德教條了。——今日起康德於地下，他的「絕對命令論」（categorical imperative）應該也有新的內容了。

五帝窺韓的底牌

這種殖民哲學和侵略行爲，就把在清末民初政治社會也在急遽轉型的朝鮮，衝擊得七零八落了。

首先它分化了韓國的朝野，使其分裂成保守派、維新派、激進派。各派分別搞親清、親日、親俄、親英美法……，各是其是，動盪不停——但是卻依人作嫁，很少能取得主動。

環伺的帝國主義之中，野心最大，動作最積極的便是日本了。日本搞的是百分之百的當代西方的「殖民主義」，其目的和手段大致是：首先大量移民和擴展商務，從根本做起——其時日本旅韓僑民爲華裔的十二倍；商業大致是華裔的四倍。接著便大量扶植金玉均等親日派，得機發動政變，組織親日政府，割斷中韓之間的宗藩關係。最後勾結法國，各取所需——法國佔領安南；日本佔領朝鮮。——可是日本那時實力未充。它兩次發動政變，都受制於袁世凱，未得逞。日本之勾結法國亦爲李鴻章所阻。李雖然在「中法戰爭」（一八八三～一八八五）中，丟了安南，他卻能以夷制夷，利用英國，緩衝了日本。對訪華的日相伊藤博文作了主權性的讓步，許日以平等地位；但在朝鮮現場，卻不遺餘力的支持袁氏，把日本勢力趕出藩國。維持了中朝的宗藩關係，直至甲午戰敗爲止。

第二個覬覦朝鮮的便是俄國了。但是和日本一樣，它得先挖中國牆腳，扶植親俄勢力，才能深入。這一陰謀也受制於我們的「小欽差」而中途泡湯。詳情可參閱陳、侯二氏之鉅著。

英國此時志在西藏、九龍、長江各口岸，和山東沿海。對韓則不欲打破中韓「宗藩關係」之現狀。蓋「朝鮮爲大清之屬國」，終較朝鮮淪爲日本或俄國之殖民地，對英爲有利也。因此駐韓英使厄士頓（W. G. Aston）雖認爲袁世凱太跋扈而主張朝鮮「獨立」；駐華英使巴夏禮（Sir Harry S. Parkes）這個火燒圓明園的老牌帝國主義，反而暗中協助李鴻章以遏阻法國和日本的勾結。另外他更鼓勵英籍中國海關總稅務司赫德（Sir Robert Hart），遣送一位德裔老帝國主義摩倫道夫（P. G. Mollendorf），去朝鮮協助袁世凱整理韓國稅收，加強海關監督。有著英德兩強背景的摩老日耳曼，在朝鮮表現得比袁世凱更爲跋扈而有效率。韓廷因此稅收大增，袁世凱所訓練的五千親軍，也軍容大振。足令日俄使臣，均爲之側目。

最後就是美國了。我們的蔣老總統說得好：「美國也是帝國主義。」這個青年帝國主義，首先要統一北美，視爲「天降大任」（manifest destiny）；次要獨霸南美，名之曰「門羅主義」（Monroe Doctrine）。內戰後目光漸及遠東，終於佔領了菲律賓。在這一系列擴張行爲中，也出了不少的小帝國主義者。英法聯軍時的美公使伯駕（Peter Parker），和八國聯軍時的美公使康格（Edwin H. Conger），都是力主佔領台灣的老牌帝國主義者。後來台灣給日本佔領了，老美好不懊悔。——這時五帝窺韓所共同討厭的人物便是袁世凱。美駐韓公使孚特（Lucius H. Foote）向不承認中韓之間有什麼鳥「宗藩關係」。因此他一有機會便要質問：「袁世凱算老幾？」這時孚特的態度是絕對親日的。他倒不是要把朝鮮送給日本人做殖民地。他主要是討厭在朝鮮以主人自居的「中國人」。「中國人在朝鮮算老幾？」這才是決定美國人對中韓關係的基本要素——其情況與今日如出一轍，眞是「歷史比小說更有趣」。——以上便是日、俄、英、美、法五大帝國主義，在朝鮮半島耍弄帝國主義國際政治的底牌，而他們的共同目標只有一個，就是要把我們小欽差袁世凱趕出朝鮮。

最後就要談到中朝兩國關係的本身，和袁世凱在朝鮮所作所為的歷史意義了。

一個現代「班定遠」的失落

前節已言之，袁初到朝鮮時才二十三歲。但是在其後兩年中的表現，竟弄成支撐韓局，「非袁不可」的局面。——讀者知道，武昌起義後的政局，也有一段「非袁不可」的時期（詳見下篇）。那是第二次。在這第一個「非袁不可」時期，二十六歲的袁世凱並無心戀棧；他的堂叔袁保齡也勸他不要幹。他在一八八五年二度去韓時，是李鴻章勉強他去的。李鴻章何以強人所難呢？那是因為偌大的中國竟找不到第二個人可以支撐韓局——有傳統訓練而大魁天下的張謇（一八五三～一九二六）狀元；有歐洲留學歸來，精通數種西語的文法大家馬建忠（一八四五～一九〇〇）……，他們都是吳長慶之下的要員，有在朝鮮工作的經驗，但是他們都幹不了這差事呢！

李鴻章是精明的，知人善任。他認為應付朝鮮那個複雜的局面，量材器使，非袁不可。這不是李鴻章的任用私人吧！後來因為忌袁者衆（包括張、馬），朝廷派有邊事經驗的吳大澂（胡傳的上司，久駐甯古塔）去加以訾查。吳的報告是正面的。他認為世凱是不世奇才。

按理朝廷派往朝鮮去主持要政的，應該是個欽命大員（欽差）。但是袁老四才二十六歲，又沒「功名」。因人設官，他只能戴個「三品頂戴」；官階只能當個「商務委員」，算是北洋大臣、直隸總督之下的一個附屬機關，不能代表大淸皇帝。

可是這個娃兒小官的權責，那可嚇壞人了。第一，他手握重兵。掌握由他一手訓練、用德式操法、歐美配備的朝鮮親軍五千五百人——這種現代武裝，小站之前，中國都還沒有呢！韓王李熙在閱兵之後大爲讚賞。他要封世凱爲全國陸軍大統領（大元帥、總司令）。世凱固未謙辭，而阻力卻出自國內。李鴻章怕他太招搖，會引起國際反感。袁只顧整理朝鮮；而李則困於中法戰爭，在搞其以夷制夷也。

第二，世凱替韓廷整理財政，亦大有成績。李熙對世凱的忠誠服務稱賞之餘，竟根據咱中韓老傳統，贈世凱「宮姬」美女四人，以示姻婭之情。四人中有一姬爲韓國貴族，李熙之內戚也。一人早死，存者三人成爲世凱之第二、三、四房如夫人。其後共生子女十五人（七男八女）。世凱次子克文即三姨太金氏所生。克文之第三子，即今日名物理學家、中央研究院院士之袁家騮教授也，夫人則名揚海內外之原子物理學家吳健雄敎授也。

家騮幼年頗受祖母寵愛。余嘗戲問家騮兄：「祖母也說漢語嗎？」

「啊，說得很好呢！」

我又戲問曰：「大腳呢？小腳呢？」

袁教授說他祖母晚年常臥病在床，總是蓋著被褥。大腳小腳，就不知道了。

那時在韓國的宮廷之內，大院君與國王李熙的父子之間，以及大院君與閔妃的翁媳之間，都時有爭執。韓國那個痲雀雖小、五臟俱全的小朝廷中的六部官員，亦不大協調。社會上的士農工商亦至爲複雜。但是袁君指揮其間，以宗邦監國自居，上下亦尙能悅服。

只是不幸值此「轉型」時代，千年不變的宗藩制度，至此也必須轉型。逆水行舟，不進則退。——現狀既然維持不易，那時清廷亦曾有進退二策。進則師秦始皇之故事，廢封建、立郡縣，改土歸流。徙韓王於國內，使半島郡縣化。然大清積弱，自身難保，此策斷難執行。退則包包疊疊，宗邦自藩國全部撤退，任朝鮮自主獨立。無奈此策亦不可行。蓋朝鮮斯時無獨立條件，而五帝環伺。宗邦遽撤，則朝鮮必淪爲列強之殖民地。

如此進退兩難，則只有讓那位卑權重的袁世凱去作個小班超，在五強之間，做一天和尚撞一天鐘了。斯時五帝的駐韓公使，都以「欽差」自命。縱是北美合衆國的公使，以中文行文亦自稱欽差。——周旋於五大帝國主義的欽差之間，我們這個只有三品頂戴的小班超，眞也難爲他了。——最後落荒而走，形勢之必然，非戰之罪也。擲筆几上，吾欲何言？

＊一九九六年四月六日脫稿於北美洲

原載於台北《傳記文學》第六十八卷第五期

三、亂世抓槍桿，有槍便有權

袁世凱的一生事業是在朝鮮開始的。在朝鮮他雖然鎩羽而返，但所學到的本領和累積的經驗，卻是其後畢生事業的基礎。

舉其大者：袁在朝鮮學會了與東、西洋人直接打交道的本領。在他那個時代，慢說是與洋人辨外交、要國際政治，一般政客對洋人都是一無所知的。一旦碰到洋人洋務，便手忙腳亂，亂來一泡，因此所受到的災難也是至為慘痛。筆者在另篇談「八國聯軍」之役，就說過大學士老進士徐桐父子，因不諳外情，便弄出滅門之禍（一家女眷十八人集體自殺）！那時的西太后和她的親貴四人幫，竟也糊塗到對十一個帝國主義同時「宣戰」的程度——這都是對洋人毫無所知；一旦面臨緊急情況，便方寸大亂，胡幹一泡的結果。可是袁世凱經過朝鮮那一段，他就是個「洋務專家」，知彼知己；遇事就不會那麼胡來了。

比洋務更爲重要的則是袁世凱在朝鮮也學會了帶兵和練兵。前文已言之，袁在朝鮮爲韓王練了一支五千五百人的現代化親軍，使藩邦朝野大爲嘆服。韓王李熙不但要委派他做韓軍總司令，還送他美女四人以爲獎勵呢！

二十幾歲的袁老四，一個科考落第的秀才，哪來這大本領呢？說穿了也沒啥稀奇。要瞭解袁世凱，我們還得看看轉型之前的中國舊式兵制。——須知咱中國人搞軍事，最高境界本是文人將兵。你看諸葛亮，連匹馬也不會騎。指揮大軍作戰不用指揮刀，卻坐著獨輪車，用把鵝毛扇，搖來搖去。等到上帝寵召了，那個「死諸葛」，還能嚇退「生仲達（司馬懿）」呢！——這個半眞半假的故事，本是中國重文輕武傳統中，文人的驕傲和牛皮；誰知到了清朝，它竟變成了事實和制度！

原來在公元一六四四年，當那位不祥的人物吳三桂，引清兵入關時，全部淸兵一共只有「八旗」六萬人。後來再加上「漢軍八旗」和「蒙古八旗」也不過二十四旗。最高額亦不足十五萬。那時中國本部十八行省人口上億（十足人口），至乾隆已逾四億。十五萬「旗兵」何能統治上億的「漢民」呢？所以清初的「外來政權」，只好沿用明朝原有的「衛所制」。各省政府保留原明朝職業軍人的衛所二級，為地方警衛武裝，以維持各省治安，「以漢治漢」。——這一大明遺規，我們今日還剩個「威海『衛』」。天津市原名也是天津「衛」；今日南京還有個孝陵衛。國府統治大陸時代，縣以下的鄉村政府叫區公「所」，和鄉、鎮公「所」。用的都還是明代的老名稱。

這種舊衛所所轄的漢兵，在明原為國防軍，約一百萬人；在清就變成各省區糧餉自籌的保安隊了。此一省防軍在清代兵制中叫做「綠營」。清初各省共有綠營兵六十六萬人；中葉稍減。分佈地區以沿海各省（包括水師）及邊陲地區為重，內部較少；安徽最少，不足萬人。（見《清史稿・兵志》）

這一綠營制度，清初已遭疑忌，「三藩之亂」（一六七三～一六八一）以後，清室乃蓄意約束；綠營之中，將不專兵。省級指揮官，提督、總兵等皆受制於科甲出身的文職官員的總督和巡撫；而督撫之間又相互制衡。這就逐漸變成清代重文輕武，以文人將兵的傳統制度了。其後不但「綠營」如此，連「八旗」都統，亦更調頻繁，將不專兵。

清廷這種重文輕武的政策自然是有其嚴肅的政治目的。它要使像三藩禍首吳三桂那樣的武將專兵的漢族藩鎮，永不再見於大清帝國。——走筆至此，筆者不禁想起某次在台北街頭搭計程車的趣事。在行車途中，那位青年司機正在收聽台語「地下電台」。余亦傾耳細聽之，竟一句不懂。但是有三個字卻聽得極爲清晰，那就是「……吳三桂……吳三桂……吳三桂……」，吳三桂三字何以如此重要？頗爲不解。後來聽朋友相告，說我的哥大小友，民進黨籍的張旭成博士也曾說過，所有在台灣的「大陸人」，都是吳三桂。聞之不禁大笑。——歷史的發展，眞是日月如梭。時間和歷史自會解決其「歷史問題」。很快的這些目前小故事，就會變成歷史上的小掌故，供讀史者笑樂一番。後之視今，亦猶今之視昔。這也是個歷史的「必然」吧！思之忍俊不禁。

總之，清廷這一重文輕武的政策，走火入魔的結果，不但漢族再無藩鎮專兵，連那些原有高度尙武精神的滿蒙武夫，亦漸染漢習，以不文爲可恥，而搖頭晃腦去做起詩來，致使一些像袁枚（一七一六～一七九八）那一流的無聊文人，去乘勢投機，攀援權貴。余讀《隨園詩話》，有時就要出而哇之。

文人將兵既成制度，則大清帝國，尤其是漢族之中，便沒個眞正的職業軍人作統帥或封疆大吏。以致鴉片戰爭一起，領軍去和「英夷」開打的不是職業軍人的「李廣」或「霍去病」，而是詩文做得頂呱呱的翰林學士林則徐。英法聯軍時，最初文武一把抓，獨當一面的葉名琛（一八〇七～一八五九），也是一位進士。最後弄成「不戰不和不守、不死不降不走」，卻被英國人捉到印度去當俘虜。

其後八旗、綠營都腐爛了，不能再用；另組「湘軍」、「楚軍」、「淮軍」、「自強軍」、「定武軍」、「武衛軍」、「新建陸軍」……，幾乎所有的軍頭從曾、左、李、胡開始，到張之洞、胡燏棻、袁世凱，都是清一色的文人。其中曾、李、張且是翰林學士，文采風流。曾、張在中國近代文學史、思想史中，都有崇高的地位。縱是李鴻章也是位天才橫溢的文學作家。——筆者幼年曾能背誦李鴻章考秀才時的墨卷，文題曰：「天台仙子送劉阮還鄉賦」。那時才十幾歲的李鴻章，竟能改竄《西廂記》，寫天台仙子送男友還鄉「拜拜」時，叮嚀道：「……野店風霜，何妨晏起；荒村雨露，愼忽遲眠……。」（眞是依依不捨，一派深情！）考他的那位府考官，顯然也是位多情人物，閱卷後，大爲感動，乃批說：「大盜劫人，不傷事主……天才也。」這一批，小小鴻章就做了「犯法可免打屁股」的秀才了；二十一歲「中舉」，二十四歲成「進士」。

頭戴紅頂花翎作戰的淮軍

這些能夠「將兵」的文人之中，「文采」最差的，那可能便是袁老四了。他是個「務實派」；至少不是「感情中人」。在他筆下，討一房姨太太，也叫做「置辦」——等於是買一件家具——沙發、搖椅、毛巾、夜壺一般。所以他對崔鶯鶯小姐那種脈脈的送別柔情，什麼「荒村雨露宜眠早，野店風霜要起遲。鞍馬秋風裡，無人調護，（甜心呀，儂要）自去扶持……」是不會發生太多生理反應的。筆端不帶感情，所以他就考不上「童子試」了。

但是袁世凱卻是這批文人中，弓馬嫺熟，眞正打綁腿、紮皮帶，下得操場去，喊「立正、稍息、開步走」的實際的練兵官，和帶兵官。

本來清廷搞「重文輕武」的原意，就是吃定了這批經過「十年寒窗」磨折，手無縛雞之力；只會下圍棋，不能拿大刀；只會坐獨輪車，不會騎馬的「文人」，做事畏首畏尾；給你帶兵，你也不願（因爲孔孟之學的大洗腦），更不敢（因銳氣已挫）去造反！

可是清廷這項設計到袁世凱時代，就是不才所說的要「轉型」了。——事實上，袁世凱的「小站練兵」，便是中國「陸軍軍制轉型」的開始。（注意：海軍轉型較陸軍要早二十年。筆者拙文談馬尾海校時，曾細述之。）

在此之前的「湘軍」、「淮軍」，打起內戰來，雖也戰功赫赫，但他們都是小腳放大的半調子部隊。——劉銘傳與太平軍和捻軍作戰時，是頭戴「紅頂花翎」去衝鋒陷陣的（見羅剛編《劉公銘傳年譜》上冊‧同治六年）。那時太平軍作戰，尤其是破城慶功時，穿的則是明朝袍套，看來像一場「京戲」大合唱。筆者出生的那座唐家圩（音圍），一度曾是淮軍對捻軍作戰的後方非正規的兵站。在被中共土改隊挖土三尺，全部拆毀之前，曾留有（不開花）千斤重砲四尊；重二百五十斤的大刀兩把（武考用的），強弓硬弩數十張；「抬槍」、「鳥槍」不計其數——硬是十八般武器樣樣俱全……，這些大概都是淮軍換用新武器或裁兵時，遺留下來的「廢物」。——這座規模並不太小的「淮軍武器博物館」，如留至今日，說不定可爲本地「無煙工業」撈一筆門票錢。可惜當年搞土改的地方共幹見不及此。自毀財源，就把這些骨董胡亂的蹧蹋掉了。據說那些大砲、大刀被用專船運往蕪湖鐵廠，鋸成廢鐵出售，也沒撈回多少運費。

淮軍當年的對手方，尤其在捻軍名將任柱率領之下的那一支，慓悍至極。他們大半是騎兵。主要武器則是削巨竹爲槍，成爲「丈八蛇矛」（古人所謂「揭竿而起」者也），和少數火器——三千戰馬夜鏖兵！當他們蜂擁而來之時，勢如疾風暴雨，狂濤駭浪。當者無不粉身碎骨，所謂「馬踩如泥爛」也。

任柱是捻軍名將，淮軍畏之如虎。對付他如不用開花大砲、毛瑟快槍，簡直就如無之何。筆者幼年震於傳聞中的任柱威名，及長讀捻軍書，欽慕之餘，每思爲任柱作傳，而苦於心力不從，至今未能執筆。

所以我國史上，三國演義式的傳統戰場，離我們並不太遠。把它們搬上銀幕，比美國「西部片」（Western）好看多矣。

「防軍」、「練軍」與小站

總而言之，湘淮兩軍，雖也有一些「洋槍隊」，他們基本上還是一種傳統武裝；是西安「兵馬俑博物館」的嫡系苗裔。可是袁老四的「小站」就不同了。

位於天津、塘沽之間的「小站」（上引陳志讓書頁四十九誤爲「平津之間」），原爲平捻之後，部分淮軍北調，擔任「防軍」的屯田區。清代軍制中有所謂「防軍」、「

練軍」諸名目。「防軍」者駐防之部隊也。而「練軍」則是在從事訓練中之部隊（參閱同上《清史稿・兵志》）。甲午戰前，李鴻章最反戰，因其深知中國海陸兩軍均不足以參加國際戰爭，然迫於國內國外壓力，渠亦自知對日抗戰爲不可免（注意：今日的江澤民可能也有此難言之隱）。李氏乃臨時抱佛腳，積極備戰（亦如抗戰前之蔣公也）。在海軍上備戰詳情，筆者曾有另篇述之，不再重複。在陸軍方面，李鴻章則一面商之英將戈登（Charles George Gordon）在天津創辦「武備學堂」，以滿人蔭昌主之，培訓新制軍官以逐漸淘汰舊淮軍。另於甲午戰爭前夕，在小站防軍東調之後，以舊營房作爲「練軍」之所，來試練一支新軍，以前廣西按察使胡燏棻主之。

所謂「練軍」，自然練的是「稍息、立正」的西式操法。搞點稍息、立正階段的訓練（今日軍訓所謂「典」、「範」、「令」），沒啥深文大義也——筆者這一輩，抗戰前在南京孝陵衛，教導總隊營房中，受「學生集訓」，三個月就完成「營教練」（有當營長的基本知識）。當年黃埔一、二期，亦不過如此也，何神祕之有哉?!

可是在清末就不然了。那時中國人見洋兵「敬禮」，都覺得好奇怪啊！歸而記之曰：「洋兵肅立，舉手加額，拔毛數莖，擲之地上，以示敬！……」乖乖，那時在頭上拔掉幾根頭髮，甩到地上，算是對上司「敬禮」，也不簡單啊！也得要洋教習來教啊！其他如「正步走」、「槍上肩」……，沒個洋人來教，哪行呢?!

所以練新軍必用洋教習，當時所謂洋員。但是那時歐美游民到殖民地和半殖民來教稍息、立正的，有幾個不是冒險家，甚或洋癟三呢?!——筆者曾撰文並舉例細論之。他們彼此之間，互揭西洋鏡的記載，更是說不盡的。

這種冒險家和游民，往往就是孔子所說的地地道道的「近之則不遜，遠之則怨」的洋二流子。但是練新軍、用洋械、上洋操，又不能沒有他們。善加利用，他們是有其貢獻的，只是偶一不慎，或駕馭他們的知識不足，也就易於失控而已。

那時在中國搞新軍，一般都最重「德式」（蔣公後來亦然）。一八九四年胡燏棻受命去小站練兵，和他名位相埒的總教習便是德人漢納根（Constantin von Hannecken）。漢納根本是李鴻章興建海軍中的要員；曾設計大連要塞。豐島海戰時，他也是「高陞號」的乘客之一。高陞被日艦擊沉，我軍死於海者七百人，漢氏竟以善泅倖免。中日海軍黃海大戰時，漢氏亦在「定遠旗艦」上與丁汝昌、劉步蟾共生死。但漢某原非海員，黃海戰後乃請調至小站搞陸軍與胡燏棻共事。

漢納根是個日耳曼人。幹活固有其「日耳曼的效率」（German efficiency）；但處人亦有其「日耳曼的頑固」（German arrogance）。而胡燏棻雖有些新思想，卻沒有與老日耳曼拍肩共事的經驗。不數月便自覺吃勿消，乃掛冠而去。——這時「甲午戰爭」已近尾聲，大清海陸兩軍同時全軍覆沒，京師門戶洞開。政府要趕練新軍，急於燃眉，而朝中無人。時勢造英雄，小站求才，也就非袁不可了。至少以他去掌握那位老日耳曼，是游刃有餘的。

治世能臣，亂世奸雄

袁世凱在甲午開戰時曾在後方幫辦糧台，算是大才小用。他在朝鮮既練過新軍，有知兵之名，聞於朝野，這次練兵需人，袁氏於一八九五年十二月八日，便以「溫處道」的官階，奉命去小站接替胡燏棻，督練新軍。

前引房兆楹論袁之文，曰：袁世凱並未實授「溫處道」。這實在是多餘的話，須稍加解釋。蓋大清帝國是個傳統的法治國家（注意：「傳統」二字是指東方式的法制，與西式略有軒輊）。它的文官制度（civil service）是中央和地方政府的編制，官員有定額；任免有定期；銓敘有定制（參閱《大清會典》）。縱是皇帝也不能胡亂改制——《漢書》上所謂，陛下亦不能不遵「陛下之法」也。

〔附註〕蔣、毛二公做了元首之後，還有什麼「陛下之法」呢？蔣雖視法律爲具文，究竟還有一部《六法全書》。毛公則六法皆無！做了二十多年的統治者，連一部最基本的「民法」、「刑法」都沒有，卻瞎扯淡説什麼「無法律、有政策」。其所以然者，就是筆者所強調的「轉型」問題了。——老法律丟掉不用；新法律又搞不出來，所以毛老大就「和尚打傘，無法無天」了。這是人類社會生活中，最壞的模式。李登輝總統今後的一切設施，「必須依法行事」。這就是個劃時代的里程碑！鄧後大陸要做到這六個字，大致還需要四十年。到那時中國政治社會，甚至整個文化大轉型，或可初步完成。——歷史走出「三峽」，海晏河清可待。十二億聰慧勤勞的人民，以和平安定的文明大族崛起世界，在聯合國中，掛掛頭牌、坐坐莊，這又算什麼稀罕呢？——十七、八世紀的法王路易十四就掛過頭牌；十九世紀英吉利的維多利亞老旦也唱過太陽不落；二十世紀美國的威爾遜、羅斯福，不也曾九合諸侯，一匡天下！二十一世紀我們「支那曼」中，爲何就不能再出一兩個劉徹、李世民、愛新覺羅玄燁，來壓壓陣、坐坐莊？——受了幾百年的鳥氣，現在起來伸伸腰、露露臉，一洗當年滿面羞，又是什麼侵略性的民族主義呢？舜猶人也。有爲者亦若是！何況是一個有極光榮歷史的偉大民族呢？——歷史家千萬莫打破鑼！

再回頭說說袁世凱的「溫處道」。

小站練兵處在當時的文官系統中，原是個地方軍制中，無定制、無定額、無定期的臨時建制。這時中央的「督辦軍務處」派袁前往，是以袁的老資格「道員」出任的——他的前任胡燏棻的資格是「按察使司」，比袁高一級。——「道員」是有定額、定制、定俸、定期任免，分隸各省的地方官。（「候補道」當時是可花錢買的。關節搞得好，也可以「遇『缺』即補」。但這種「捐」來的官銜，是爲科甲士林所不齒的。劉銘傳的兒子，就因私下捐了個候補道，受了爸爸嚴厲的體罰，而羞憤自殺的。見上引《年譜》。）所以袁世凱的「溫處道」，原是浙江省的地方官，轄溫、處二州。但在中央吏部檔案中，顯示有「缺」（要是現在就用電腦了）。此「缺」可能是前任道員「開缺」（離職），或根本建而未置，或置而後撤；既缺則這一名額就移作他用了。因此所謂未實授者，就有語病了。——清制中的「總兵」（師長）也是地方武官；有定額也有地方頭銜的。但是有些總兵，竟不知他那頭銜的「鎭」（地名）在何處呢！

再者，袁之練兵小站，實是衆望攸歸的結果。袁那時頗享有知兵之名；更有治事的才名。他之任職小站是恭親王奕訢、慶親王奕劻、兵部尙書榮祿、軍機大臣李鴻藻、翁同龢，和後來有名的「東南三督」劉坤一、張之洞、李鴻章，衆口交讚，一致掬誠推薦的。而且這些大臣之中像李鴻章和翁同龢，像恭王和慶王等彼此之間矛盾極深，甚至是終生的政敵。要他們一致讚譽，一致推薦袁老四這位小小的前駐韓商務委員，直隸總督的一個小下屬，他本身沒兩手，不成的呢！——所以我們執簡作史的人，因爲對「袁世凱」三個字有成見，便硬說他出任要職是出於個人吹牛拍馬、攀援權貴而來，是有欠公平的呢！

漢末政論家許劭（子將）評曹操說：「子治世之能臣，亂世之奸雄。」曹大笑，認爲評得對（見《三國志・武帝紀》，裴松之註，引孫盛《異同雜語》）。據說袁得勢時，時人亦以項城比曹操，袁不但不以爲忤，且大爲得意，認爲比得對。所以近世治民國史者，對袁公爲「亂世之奸雄」這一評語，大致是沒有二話的。其實袁氏又何嘗不是「治世之能臣」呢？——民國時代甚多知名之士，包括勸他做皇帝的「六君子」和後來在台灣被處決的陳儀，對袁之幹才，都是誠心誠意傾慕的。讀者知否，論人品論學識，「六君子」（如劉師培、楊度等）都不能算是壞人呢！陳公洽雖在台灣出了紕漏，但他也是國民黨高幹中，極少有的「廉吏」呢！吾人「秉筆直書」，都不應以人廢言。

鮑爾、包爾達、袁世凱

有的朋友或許要問：袁世凱連個秀才也未考取過，更未進過軍事學校，只做了十多年的小外交官，有啥軍事知識，能獨當一面去訓練中國有史以來第一支現代化的陸軍呢？

曰：袁君起自行伍。軍事知識得自實際經驗呢！

再問曰：現代化陸軍是一種科技專業，行伍老兵，焉能勝任?!

答曰：可以。不但在當年中國可也，在目前美國猶可也——君不見剛離職不久的美國陸海空三軍參謀首長聯席會議主席、四星上將（華盛頓只有三星）、在越戰和波斯灣之役均戰功赫赫、將來還要問鼎白宮的黑人大將之鮑爾（Gen. Colin Luther Powell）將軍哉？鮑爾非西點產也，與孫立人母校之維吉尼亞亦無緣也。此公行伍也。憶五〇年代中，筆者在紐約市立大學教夜校餬口時，鮑爾斯時即在敝校上學，係一成績劣等之學生也。彼亦從不諱言其在母校爲「全C生」（straight "C" student）。余近讀暢銷之《鮑爾回憶錄》，訝其四十年來作文並無大進步。設回母校重讀，仍難免其爲「全C」也。鮑君時在紐約市大（C.C.N.Y., C.U.N.Y.）參加學生「備役訓練」（R.O.T.C.）。畢業後入伍爲伍長，初不意四十年中累遷，竟位至三公。眞是士別三日，當刮目相看。

混帳的《紐約時報》，瞧不起鮑君。暗笑他爲黑人倖進。——但是黑青年在陸軍中可以倖進，白兒童就不能在更爲科技化的海軍中，行伍倖進哉?!兩週前由於誤掛越戰勳章，而被媒體揭露，竟至愧恨自殺的海軍上將包爾達（Adm. Jeremy M. Boorda），即另一「行伍出身」之美國海軍中最高級之軍令部長也。包爾達少年爲一頑童，不容於父母。十七歲時（一九五六）乃誑報年齡入海軍爲水兵。四十年中竟累遷至今日上將軍令部長，爲美國海軍中之第一人；麾下節制將士凡四十七萬人，戰船千艘。初不意以誤佩兩枚「V」字勳標，竟至自裁也。

以上所記鮑、包二君，均爲今日美國行伍出身的陸海兩軍之最高級將領也。我國陸軍於一百年之前，出一行伍出身之訓練總監袁世凱，又何足大驚小怪哉?!

早年留日的文武學生

世凱在一八九五年底接掌小站，乃易原「定武軍」爲「新建陸軍」。兵員亦增至七千人，步騎砲工輜俱全。原有洋員教習之外，並於蔭昌的「武備學堂」之教練學員中，擇優借調。其著者則有王士珍、段祺瑞、馮國璋、梁華殿等人。梁後來因意外早死，而王、段、馮皆一時俊傑，成爲後來「北洋系」之重心，所謂龍、虎、狗也。

此後中國南北諸省分練新軍成一時風氣，青年學子被派往日德諸國學習陸軍，亦絡繹出國；返國成爲新軍中堅者，亦多不勝數，而袁之小站，雖是群龍之首，卻不隨流俗。蓋當時各省督撫（其尤著者如湖廣總督張之洞）籌練新軍，類多籌其款，掌其權，而實際訓練則委諸專業軍人執掌之。主政者高高在上，袍套朝珠不離身，詩文不離口。武場操練細節，則向不與聞也。因此各省「新軍」幾爲留日陸軍學生所包辦。然留日學生龍蛇混雜。泰半學生均未嘗涉足日軍訓練下級軍官的「士官學校」。一般都只就學於日本爲賺取華生學費而特設的預備學校，所謂「振武」也，「成城」也。按例他們在這種預備學校中要先學點「稍息、立正」的初步訓練，和「請坐、吃茶」的口頭日語，然後加入日軍聯隊當兵。成績佳者，再遴入「士官」作入伍生。——「士官學校」那時在日本亦係初辦，一年卒業。稍息、立正之外，亦所習無多。縱如此，那時華生留日，能幸入「士官」者如蔣方震、蔡鍔、閻錫山、吳祿貞……亦鳳毛麟角也。筆者曾自日本士官檔案中查出歷屆華生全部名册。後來作黃埔軍校校長、陸軍大學校長之老總統蔣公中正（原名志清），未嘗涉足「士官」也。他老人家在日本的學籍到聯隊學兵爲止。何應欽、張群則眞是士官畢業生。岳公是個認眞求學的好學生，學業因辛亥革命而中斷；二次革命後流亡東瀛時，始續學畢業。蔣公的把兄黃郛則眞正畢業於日軍測量學校，一工兵專才也。

但那時在日本花天酒地的中國留日學生，不論入學士官與否，一旦歸國都制服鮮明，馬靴、馬刺耀眼爭光（但多半不會騎馬），再加上指揮長刀著地，行路鏗鏘有聲，儼然「將軍」也。

〔附註〕

那時日圓比中國銀元便宜。去日的公自費留學生，生活比在國內上學更爲節省。加以留東不要簽證，來去自由，而當時日本經濟剛起飛，都市中聲色狗馬，樣樣比中國新鮮；連下女和阿巴桑都頗有文化。加以當時日本無種族歧視，而日俗男尊女卑，遠甚於中國。公共浴塘中有時且男女同浴，使中國留學生大開眼界。身入寶山花叢，還唸啥鳥書呢！——筆者的父執輩（包括一位親舅舅），當年留日者不計其數。我長大後曾習日語三年，才發現他們一句日語都不會說。總藉口說「忘了，忘了」，其實很多連假名亦不會發音。但他們之中卻不乏中山信徒、革命志士呢；所以當時各省「新軍」都是革命溫床。胡適之先生也曾告訴過我說，周氏兄弟（魯迅和周作人）了不起，因爲他們是留日學生中「極少數」能唸日文、說日語，「還能用日文寫信」的。胡漢民、汪精衛、吳稚暉等「黨國元老」，也算是留日學生，卻一句日語都不會說。女人比較有語言天才，據說居正夫人就說得一口流利日語，所以居院長留日時私生活「很規矩」（老友居浩然兄告訴我的）。——以上所說的還是文科學生；武科學生就更不必談了。但是不論他們學的是怎樣的二百五，一旦回國搞起「新軍」來，那可就神氣了。文人上司（如湖廣總督張之洞、奉天將軍增祺等

）那知底蘊？下面的學員就更被嚇得一愣一愣的了。那時尚在讀「陸軍小學」的李宗仁就是其中之一（見《李宗仁回憶錄》）

槍桿與政權，智慧和機運

上述這種情況，在袁氏掌握的小站和後來的「北洋系」就完全相反了。袁世凱雖然也是一位文人，但自二十三歲起便身在軍中，和上述美軍中的鮑爾和包爾達一樣，由小及大，最後身任統帥，對軍中一切操作，無不裡外精通。這就不是林則徐、葉名琛、張之洞等「翰林學士」所可望其項背了。——林、張等人是以文馭武；袁老四則反其道而行，以武馭文了——這也是中國近代史中一個新的「轉型」的開始。自袁以後的當國者尤其是蔣、毛二公，皆是以武馭文之袁派也。有的朋友或許認爲毛澤東是文人；其實連鄧小平也不是文人。毛和鮑爾及袁世凱一樣是行伍出身的統帥。在江西蘇區時他就直接在戰場指揮作戰。嗣後國共內戰，毛公不但親自指揮四大野戰軍，還要「胡宗南聽指揮」呢！「韓戰」中幾個重要戰役，據說也是毛親自指揮的。不用說「八二三砲戰」也是毛司令員在北戴河沙灘上，右手擁抱美女，左手拿電話機指揮開砲的——「風流人物，且看今朝」，的非虛語。不能直接將將，而胡吹「黨指揮槍」，豈非騙人哉?!

鄧小平和陳毅元帥一樣（陳原爲新聞記者），都是行伍出身的帶兵官，所以黨才能指揮槍。江澤民工程師未帶過兵，也要搞黨指揮槍。只在軍中施點私恩小惠，拉攏三兩位大將作肱股，以爲這樣槍就服從黨，以後就不會有「苦撻打」（coup d'etat），不會有「宏大」（junta，軍人竊權）了。老江，不行呢！江工程師如果也要以文馭武，搞黨指揮槍，要學學李登輝技正也——把軍隊國家化，搞出個憲政法治來。大兵哥不敢犯法，總統主席才不會受「宏大」的威脅！君不見二次大戰時最跋扈、也是最目中無人的麥克阿瑟老兵乎?他橫眉怒目，不聽調度。一個原爲賣領帶的小售貨員，竟能以短短一張紙，把他「撤職」！再有二話，就要「查辦」。——李登輝技正今日也有此本領！而江主席尚沒有也。今爲老李所取笑，豈不該三思哉?!

朋友，沒啥稀奇呢！政制「轉型」罷了。吾一願老李勿爲「島氣」出岔；二願阿江能認識歷史遠景，拿出氣魄，迎頭趕上也。——大清傳統，以文馭武。袁、蔣、毛三公便宜行事，以武馭文。李、江二公如能把既顚倒的再顚倒過來，近代中國文明就要從波濤洶湧的「歷史三峽」中，平安「出峽」了。——再說句政治學中的「老生常談」：「

制度者，智慧和機運之聯合產兒也。」（System is the child of wisdom and chance.）在中國近代轉型史中，從專制「轉」民治，我們可敬可憐的老國父，有此wisdom而無此chance。我們那位自己指著鼻子說：「你們追隨我革命」的蔣總裁，和那位牛皮大王，口口聲聲「完全爲人，毫不爲己」，卻只會打爛仗、玩女人、作舊詩的毛主席，都有其chance而無其wisdom。袁皇帝之可悲，是在這場千載一次的「轉型史」中，他陛下既無此chance，更無此wisdom；所以下場最慘——幾乎是「衆口鑠金」、「遺臭萬年」，不學試究古今之變，略爲之不平也。

今日呢?!朋友，論chance眞正是「千載難逢」也。中國政制「轉型」已至「水到渠成」的邊緣，一蹴可幾。當年的孫文，哪有此機運？國父老人家今日如泉下有知，在紫金山上，恐怕把棺材板都踢破了呢！——但是今日身居駕駛艙中的偉大的舵手們，有沒有其wisdom呢？

不才之見是雙方都有此智慧；但是雙方都有其包袱，而智慧被包在包袱裡，縱有「靈犀一點」，也就衝不出了。智慧包在包袱裡，有機會亦徒然也。

老江的包袱便是老共的包袱——君不聞鄧上皇「南巡」時之豪語乎：「政權在『我

們』手裡！」悲夫，「我們」是老幾?!「我們」之外的「他們」，又是老幾?!自命爲全民之主，而心理上有若斯「爾」、「我」之分，這在佛家便叫做「相」，叫做「魔」；在儒家便叫做「私」，叫做「鄉愿」！有私有魔，就不能容，不能大。因此與孫國父的「天下爲公」的器度相比，則顯得「小」平之所以爲「小」了。江公現在也在「講政治」。如果江的「政治」，連個「全C生」魏京生、王丹都消化不了，他如何能阻止李登輝、連戰、陳履安、錢復、張京育……這幾十個大博士、「全A生」，來聯合造反呢？——這是老江的大包袱；第一、二代革命家、布袋和尚遺留給第三代小和尚，裝滿垃圾的大布袋！

李登輝總統有沒個「布袋」呢？旁觀者清，曰：重著呢！大的、宏觀的，免談。且談點微觀的、小的——由小看大。最近李總統回到他幼年受教的淡水國小，講小學生所應學習的歷史教育，應該是他自己所想像的那一套。這就是個大布袋。李總統原是位農業經濟專家，談小學生的歷史教育，本已撈過了界。——記得《史記・陳丞相世家》裡，有個小故事：一次漢文帝問左丞相陳平，國內一年「決獄」（審判囚犯）多少？陳平說不知道，應該去問「廷尉」（司法行政部長）。皇帝又問，全國錢糧多少？陳平還是不知道，說應該去問「治粟內史」（農本局長）。皇帝有點不高興了，說，那麼你做丞相幹嘛？陳平說，爲官各有職守。我做丞相呀！幹的丞相之事：上佐天子理陰陽、順四時，下育萬物之宜；外鎭撫四夷諸侯，內親附百姓，使卿大夫各任其職……搞務實外交，平兩岸關係，制定防空飛彈系統，淸除黑金……大事多著呢！哼！一番話說得萬歲爺直是點頭。

老子說：治大國如烹小鮮。當宰相尙且不管那些小事，何況一個國家的元首、皇帝和總統。更何況李總統幼年所學的「中國史」，都是當年日本軍國主義的宣傳品——說古代中國本是個騙來騙去下等民族的集合體。近代中國連"What is China?"都沒個定義（見《重光葵回憶錄》），日本侵華是爲著宣揚王道，日本佔領台灣是出台灣人民於水火，南京大屠殺根本沒這回事，日本倂呑朝鮮是韓人向化，慰安婦是出諸韓婦、台婦之自願，日軍侵略東南亞是皇軍趕走白種帝國主義，解放被壓迫民族，日本向盟軍投降叫做「終戰」……，這種不知不覺，潛藏於下意識中，青少年期所受的日本軍國主義的教育，可能就是構成李總統包袱的最大成分。——在七年前的「六四」前後，李總統曾是大陸青年的一盞明燈。這一形象的迅速滑坡，實在是很可惜的。若把這一轉變，完全歸罪於中共玩弄中國的民族主義，那也是個錯誤的觀察。——江澤民、喬石那一夥，也是一群想爲國家做點事的務實派（與老毛和林四的胡來是完全不同的），把他們全看成瘋子、壞人或三頭六臂的蘇秦、張儀、季辛吉，都是不正確的——他們哪有那飛天本領，要社會主義就有社會主義，要民族主義就有民族主義呢?!

不容「顛覆政府」

拙文原是談袁皇帝的，何以一下扯上這些時下英雄好漢呢？無他。筆者覺得洪憲之可哀者，是袁世凱處身在那一「轉型」階段，他是既無改制的「機會」，更無改制的「智慧」，所以敗得百身莫贖。而今日這批領袖們，尤其是李、江二公，是既有此機會，也有此智慧（智慧是累積的）。若再慘敗下去，那就太可惜了，更是國家民族之不幸。我們搞比較史學、比較傳記的人，以古證今，骨鯁在喉，順便提一下罷了。

現在再回頭談談老袁。

袁氏既入小站接任練兵大臣，搶桿在手，乃一心一意要爲大清帝國練出一支德式新軍。不在話下，袁世凱是精明強幹，對洋員華員，皆駕馭有方，知人善任。文員則扳請總角老友、翰林徐世昌（一八五五～一九三九）屈尊作「參謀營務處總辦」，庶務軍需一把抓。武員則重用段祺琪（一八六五～一九三六）等德國留學生，配合洋員，以德國模式嚴格訓練。袁本人亦著軍服、紮皮帶、穿馬靴、掛佩刀；日則觀操、夜則巡營。軍令如山，紀律嚴明。小站中嚴禁吸毒。某夜袁巡營見一軍人偷吸鴉片。袁乃以佩刀就地手刃之，全營肅然。

袁軍中無日本留學生。其原因蓋有二端。日本軍制原襲自德國。袁軍既亦採德制，延有德國教習，購用克虜伯軍火。軍中幹部如段祺瑞等均係德國留學生。既然直接取經德國，又何需作日本的再傳弟子呢？再者，日本留學生原爲革命黨之淵藪，爲防制革命黨人滲透北洋新軍，乾脆不用留日學生，則革命黨不就不禁自禁了。——從鬧革命的立場看來，袁世凱實爲民國史上的第一個「歷史反革命」和「現行反革命」也。不幸所有的革命黨都有其「不斷革命論」的主張。既然「不斷革命」，就必然有「不斷反革命」。——試看剃頭者，人亦剃其頭！百餘年來，革命與反革命大家輪流做，這叫我們笨拙的歷史執筆者，如何下筆呢？所幸中國近代政治轉型史，已近尾聲。台灣已無「反革命法」。大陸在現行刑法中，亦已改「反革命」一辭爲「顛覆政府」。如此，則當年袁氏在小站防制革命黨滲透新軍，也是一種反對顛覆政府的措施——其後數十年國共兩軍中類似的措施，嚴格多矣！搞比較史學者，怎能獨怪老袁哉?!

打入政治核心

總之，袁世凱當年在小站所練的「新建陸軍」，是近代中國第一支現代化部隊，全國矚目。但是建立這支武裝，袁某也是嘔心瀝血的。君不見蔣方震（百里）後來主辦保定軍官學校，在無可奈何之下，竟至在大操場檢閱台上，當衆舉槍自殺。又不見蔣公介石（中正）受命主辦黃埔軍校，還不是一再辭職，一再不辭而去。其憤激之烈而未舉槍自殺者幾希。

袁公練兵小站之艱難，不在二蔣之下也。他本是李鴻章的親信，甲午兵敗李氏搞掉黃馬褂和花翎之後，世凱便成爲孤軍孤兒了。李宗仁早年亦有相同的處境，晚年還餘嘆猶存地告我說：「眞如大海茫茫中之孤舟！」（見《李宗仁回憶錄》第九章第一節）

俗語說：「不招人忌是庸才。」袁世凱正因不是庸才，而生性跋扈，忌者如雲，讒言四起。那時他的頂頭上司，便是個野心勃勃的滿族軍閥和大官僚榮祿（一八三六～一九〇三）。榮有專殺之權，在讒言四逼的情況下，榮便有心找個藉口，殺袁而併其軍。誰知一次榮氏親至小站檢閱，預備就採取行動時，卻被袁軍的整齊軍容和鮮明的器械所感動——榮是個舊軍人，未見過這種現代化的新式部隊也。他竟認爲袁是個練兵的奇才，不但不願加害，且欲引爲心腹肱股。——兩情相悅，就這樣袁老四這孤兒就找到另一個乾爹，而大紅大紫起來，成爲榮祿麾下的第一號大將。

榮祿是李鴻章失勢後，得西后專寵的大清帝國宰相（直隸總督、北洋大臣，後又入閣作軍機），手握重兵，權傾一時。筆者在論拳亂前文中，就提過他的兵權。那時清廷防衛京師門戶的防軍，有兩大系統，約十餘萬人。

第一是「京畿戍衛系統」（禁衛軍），由西后近支親貴掌握。

第二是「北洋國防軍系統」，由榮祿掌握。這些原是甲午戰爭中，各地勤王之師的殘餘。榮祿把他們集中起來，改編成「武衛軍」，共有「前、後、左、右、中」五軍。榮氏自將精銳的「武衛中軍」；而把袁世凱的「新建陸軍」改名爲「武衛右軍」，納入他的指揮系統。——這一系統的「武衛」五軍，分駐北京內外各咽喉要地，而以袁的「右軍」爲最強，嗣擴充至萬人以上，聲威遠播，朝野側目。亂世抓槍桿，有槍便有權。

就這樣袁世凱就從一個練兵編將，擠入大清帝國的政治心臟。此後不論是「戊戌變法」、「八國聯軍」、「立憲運動」、「辛亥革命」、「建立民國」……都少不了他的一份了。

*一九九六年六月一日脫稿於北美洲

原載於台北《傳記文學》第六十八卷第六期

四、捲入三大危機・一項運動

我們的大清帝國，在中日「甲午戰爭」（一八九四～一八九五）之後，還苟延殘喘了十六年（一八九六～一九一一）。在這十六年中，他老人家再次經歷了山崩地塌的三大危機，和一項轟轟烈烈的救亡運動。這三大危機是：

戊戌變法（一八九八）

庚子拳亂（一九〇〇～一九〇一）

辛亥革命（一九一一～一九一二）

穿插在此三大危機之間，有一項起起伏伏的救亡運動。這項救亡運動，始自公卿大夫、知識分子所推動的「自強運動」和「維新運動」或「變法運動」。到拳亂之後，再次落實為朝野一致認可的「立憲運動」（一九〇二～一九一一）。吾友張朋園教授，便是今日專攻這一運動的，海內外第一號大專家。

戊戌變法注定失敗

關於這三大危機，筆者曾自個人零碎的英文講稿回譯改寫，斷斷續續的寫了十餘萬字。承紹唐先生不棄，幾乎全部在《傳記文學》中連續刊出。筆者是個中國農村出來的山野村夫，習慣於莊子所說的「曳尾泥中」的任性自由的生活，對廟堂文學沒有興趣。因此試論上述三大危機，則拙著可能與嚴肅朋友們的學報史學，略有出入。但是性相近，習相遠，每個治史者，都有他自己個別的看法。司馬遷所謂成一家之言，而藏之名山，傳之其人也。對知我罪我者，就一言難盡了。

就說「戊戌變法」吧！我的史學界的朋友們，一般對它都有正面的肯定。我就認為從歷史上看，尤其是悄立於巫山十二峰之巔，俯看滾滾洪流的「歷史三峽」，不論是從宏觀認知，或微觀探索，戊戌變法都是注定要失敗的——只是那時推動變法的英雄們，從光緒皇帝到康、梁，到六君子，人在此山中，看不見罷了。但是史學工作者（且用個時髦名詞），於一百年之後回看全局，就很清楚了。——朋友，一百年來，我們敬愛的政治領袖們：孫、袁、蔣、毛、鄧、江、李（李光耀、李登輝、李鵬），不是夙夜匪懈的都在大搞其「變法改制」嗎？今日李光耀、李登輝，這二李變得最有成效。不幸他二人都只有個「迷你」王朝。——辛亥革命時，江亢虎要搞「社會主義」，孫文大總統對他說，將來把崇明島劃給你，你先到崇明島上，去實驗實驗再說。孫文總統幹不成了；江亢虎也就失去他那個「社會主義實驗島」了。後來毛澤東的毛病，便是他應該先到崇明島上去試試他的人民公社。如此則兩千五百萬（一說四千萬到六千萬）貧下中農就不會餓死了。

「二李」現在兩個小島上的實驗，都是「奇蹟」似的大爲成功！雖然小李還在取笑大李不懂孔孟之道，搞的什麼鳥「父權」。——其實光耀、登輝都是老子的好後代、佳子弟。伏龍鳳雛，得一可以安天下！但是要把二李之道推行於比他們統治區要大上一千倍、一萬倍的大陸，不才估計，至少還要四十年始有可能。不搞西安事變，不生意外，到二〇四〇年，我們歷史上「第二次文化大轉型」，大致就要完成了。歷史走出三峽，國泰民安，我們就可霸霸莊，搞搞九合諸侯，一匡天下了。

以上所說是從「宏觀」立論。——我們變法改制，至少要搞一百五十年，才可略見端倪。光緒爺「載湉小醜」（吳稚暉語）算老幾?!他要聽康有爲的話，畢「百年」之功於「百日」（所謂「百日維新」），豈非荒唐哉？笑話哉？不待智者便知其不可能也。

我們不妨再以「微觀」史學的法則，去探索探索康有爲、康老大、康主席，這個「國之將亡必有，老而不死是爲」的通天教主，毛澤東之前的最自信、最誇大、最獨裁的「今文學」死胡同中的「教條主義者」。筆者對康聖人所論已多，不再重複（見拙作〈解剖康有爲〉，及其他相關各篇）。至於我的兩位最好的朋友黃彰健院士（大學同班）和汪榮祖教授（小同鄉），有關康氏的越洋筆戰——考據康有爲遺著的章句之爭——我就認爲是一種《水經注》之學，是文人行有餘力的奢侈品，是非之間與「變法」無直接關係也。

記得一次深夜恭聆胡老師說〈爾汝篇〉、〈吾我篇〉及《水經注》中各項考證，就歸而感嘆：國破家亡若此，大才槃槃的思想家胡適，還在草廬之中品琴棋書畫；渺小若余，亦不忍爲之。作詩自律因有「不共胡郎辨爾吾」之句。

總之，吾讀康聖人之書，宏觀上他必然失敗，固無論矣；在微觀上他也非管（仲）、蕭（何）、諸葛之流，康是史達林、毛澤東一流的英雄人物。康子如得志，中國近代史上至多就多出了一個「毛主席」而已。誤盡蒼生則有餘，其他就不足多論矣。

在他的變法運動已至最緊張階段，眼看西后即將回宮，廢立便在目前，光緒自覺「朕位不保」之時，據大陸最近發現之史料及康氏自述，他們的確是擬有計畫，要搞宮廷政變；囚殺西后，擁光緒獨裁，變法改制。但是這幾位縛雞無力的知識分子，如何能搞「苦撻打」呢？（用句今日台灣俚語）他就卯上袁世凱了。——須知變法者，和平政改也。如今和平政改不成，而改採軍事政變，苦撻打、宏大，那就化「變法」爲「革命」了。如此則康有爲就不是康有爲了；康有爲就是孫文了。

不搞「和平變法」，改搞「軍事革命」；把「戊戌」改成「辛亥」何傷哉？——可是辛亥革命是先有個「武昌起義」。既起義矣，那窩小革命騎虎難下，不得已才找個「歷史反革命」和「現行反革命」，但卻在英國留過學的清軍協統黎元洪來當頭頭，領導造反。

讀者知否？造反在滿清刑法中，犯的是大辟，大辟是十惡之首，犯者誅三族，本身凌遲處死（紅衛兵小將叫做「一身剮」）。——這個大辟之罪呀！在蔣、毛二公時代，都叫做「反革命」。從汪壽華（一九二七年上海工運領袖）、鄧演達開始到王實味、高崗、饒漱石、劉少奇、林彪，國共兩黨所殺的「反革命」加起來，至少一千萬人！不是危言聳聽吧！現在「反革命罪」改叫「顚覆政府罪」——恩高德厚，「一身剮」、「寸磔」不搞了。但是犯了「顚覆政府罪」，日子還是不好受呢！

黎元洪這個「黎菩薩」（元洪的諢號），在甲午戰爭時泅水逃生，幾乎爲國捐軀。現在長得胖嘟嘟，官運看好，他原不要「顚覆政府」嘛！不幸如今落入造反派之手。哼，你如來帶頭造反，大家同生共死。成則爲王，敗則流亡。失敗了，也不會搞個「一身剮」。你要不答應呀！哼，人頭落地再說。——元洪思前想後，據說長吁短嘆，淚流滿面，最後悽然同意（不是「欣然同意」），才參加革命的。

好了，戊戌變法時，譚嗣同一夥搞不下去了。他們卯上了袁世凱，也叫袁世凱做辛亥時的黎元洪，來領導搞軍事政變。把頑固的葉赫那拉老太婆抓起來，甚或殺掉。最近史料顯示，他們是預備把老太婆殺掉的……。詳情筆者曾有深入的記述，此處不必再提了。

總之，當譚嗣同於九月十六日夜訪袁世凱，把這項政變密謀向袁洩露時，袁氏後來回憶說，他那時傾聽之下，直被嚇得「魂飛天外」。——我想這「魂飛天外」，可能是事實。不特袁也，那時朝中任何大臣，在此一情況之下，都會「魂飛天外」的。

抓太后，不可能；囚皇帝，一句話

袁世凱在突然間的「魂飛天外」的精神反應之後，這位現代曹操的理智的抉擇又如何呢？歷史家不是他「肚裡的蛔蟲」，不應亂猜。但是客觀形勢卻明顯的擺在那地方，不容置疑。上節所談，從宏觀史學著眼，戊戌變法斷無成功之可能。這一點，袁世凱看不到。那是百年後歷史家的結論。當年袁是「身在此山中」，識不及此。可是袁是位務實派的官僚，他所見的是近在眼前的政治現實——他要根據這個鐵的現實，來決定他的政治行爲。——袁是老謀深算的張作霖；不是那躁急衝動的張學良。

那時的鐵的現實是什麼呢？

一言以蔽之，則是西太后要把光緒皇帝囚起來，只需動動嘴，一句話。

光緒皇帝和他幾位「近臣」——四個年輕的「四品章京」（魏京生、王丹、吾爾開希、柴玲），和那志大言誇，沒有一天行政經驗的教條主義者的康聖人（五品小官），想勾通一個師長，到頤和園去搞個西安事變，絕無此可能！這一鐵的事實，那是這位目光如電的袁師長，看得清清楚楚的（袁世凱那時的實際官銜是直隸按察使，從二品）。

毋煩師長操心，我們搞歷史的越俎代庖，來替他扳扳手指。——袁有精兵七千人，駐於天津塘沽之間的小站。他如接受光緒的「衣帶詔」（並不存在），起兵勤王，他首先就要在天津搞個「西安事變」，把頂頭上司榮祿殺掉。榮祿是好殺的？這一點袁世凱就做不到。

縱使做到了，袁還要發個〈討武曌（則天）檄〉，帶兵打向北京。北京又是好打的？那時統率武衛前軍的聶士成、武衛後軍的董福祥都是悍將，打洋人不足；打內戰有餘。袁世凱有把握能消滅他們？縱使能消滅他們，也保不了光緒。光緒爺如人頭落地，還有啥「王」可以勤的呢？——這些都是鐵的事實，毋煩一百年前的「袁學良」，和一百年後的歷史家代爲分析也。可嘆的是譚嗣同，這位愛國如救火的譚王丹，病急亂求醫，飢不擇食地，去找一個素昧平生的袁世凱去做張學良，哪能做得到呢？

後世史家爲此曾痛罵老袁。罵他背叛變法，破壞變法，罵得牙癢癢的。其實老袁只是兵練得好，被維新派改革家「卯」上了，而愛莫能助罷了。——從頭到尾，他是被動的，是被捲進去的。這話沒什麼不公道吧！

以上還是從「帝黨」方面看。我們不妨再略窺「后黨」。

在近百餘年來我國的「政制轉型史」中，我們經歷過四大獨裁領袖，一女三男。功過是不易說的，因爲治史者對這個抽象問題，難免各有所偏。抽象問題是拿不出標準的。可是若論統治技巧和政治藝術等具體的表現，恕我斗膽一評，實在是三男（袁世凱、蔣中正、毛澤東）不如一女（慈禧太后葉赫那拉氏）。

若論統治的時間之長，版圖之廣，憂患之多，一女都勝過三男。西后統治中國先後四十八年（一八六一～一九〇八），疆土包括外蒙古和唐努烏梁海。她所敉平的內憂有長毛、捻軍、回亂，和數不盡的地方騷亂。她所抵禦的外族入侵多至十一個帝國主義。首都兩度陷敵，瓜分迫於眉睫。她所統治的年代也正是東西帝國主義對殖民地掠奪的巔峰。這都是其後三位男獨裁者所不可比擬的。

可是儘管如此，西后的中心領導地位，一直篤篤定定，未動搖絲毫。她的統治是眞正的五族一統。四海之內，莫非后土；率土之濱，莫非后民。她沒有黨派；不搞特務。在全國臣屬之中，量材器使，向不搞（蔣、毛二公最擅長的）「拉一派、打一派」。她沒個什麼政校、幹校和人民大學，而中央、地方人才鼎盛（所謂中興名臣），實爲國、共二黨所未嘗有，而治下臣工，不論賢愚和不同族群，對她都鞠躬盡瘁，唯命是聽。吾人須知，所謂「湘軍」、「淮軍」，實質皆是地方軍閥的胚子。然歷西后四十年之統治，未聞割據自雄，稱王稱霸也。她毋需楊永泰來爲其「削藩」，更沒個林彪要飛往溫都爾汗。若論私生活，較之前朝的「髒唐臭漢」，西后算是宮闈中的修女了。比諸後朝，亦不像毛公之欲蓋彌彰也。——當然慈禧也是個心際狹小，生活侈靡，而個性狠毒，睚眥必報的潑辣女人。她具備著一般大獨裁者和小后妃好虐善妒的一切短處。因此她對她自身安全與權力之掌握可以說纖介不遺；對她兩個兒皇帝（同治、光緒）之管制，也是徹底的高壓。光緒自四歲入宮始，每聆太后訓誨，輒至跪地戰慄。宮廷生活三十年，身邊直無一個貼身太監。太后要囚禁皇帝，一句話足矣；毋煩二話也。在此情況下，若說光緒有弒母密謀，實是笑話。譚、康諸氏縱有刺太后之心，是蚍蜉撼樹，不知彼不知己也。

話說回頭。袁世凱對這情況，卻瞭若指掌，他怎能糊塗到與譚嗣同作一夕之談，就參加他們的幻想政變呢？他改變不了當時那個鐵定的局面，而這一局面發展到六君子被殺、變法流產。若要把這齣悲劇怪到老袁頭上去，縱以春秋之筆，責備賢者，亦稍嫌過分也。

拳亂中的樞紐

袁世凱既以此支新軍被捲入「戊戌變法」；又因此支新軍再被捲入另一危機的「義和團之亂」，那就更是順理成章的了。

關於「義和團與八國聯軍的是是非非」，筆者曾以近十萬言的長篇，才略述梗概。今再試述袁世凱被捲入這場是非，更是一言難盡。義和拳這個邪門宗教，若說它複雜，則無法說得完。若說它簡單，那就再簡單不過——它是全人類共有的現象。在平時它只是個燒香拜神，求財求子的邪門宗教而已。在亂世，那它就是作亂者的淵藪——顛覆政府的大本營，反革命或革命起義的老巢（看你各取所需的不同解釋）。我國史上赤眉、黃巾、白蓮教、拜上帝會、一貫道、紅槍會、同善社……，都是這一類的邪門宗教。高度科學化的美國，近年幾乎每年都有，嚴重的弄到「人民廟」內，八百老幼集體自殺。今年（一九九六）還有個「自由人」(freemen)在鬧事。柯林頓總統怕他們又要集體自殺，只好圍而不剿，軟圍三個月。在筆者這次訪台前夕，閱報始知那最後一個自由小爺，總算投降了。朋友你說古怪嗎？據說柯林頓的老婆希拉蕊也「通靈」呢！她要生在我們的義和團時代，她也是「刀槍不入」的女「拳民」呢！有啥奇怪。

這個土生土長的義和拳的「拳民」呀，在清朝末年就往往與那些洋傳教士所組織的「教民」，發生衝突。洋教士出頭保護教民，拳民不服，恨屋及烏，揍了洋人，甚或殺了洋人，那就變成不得了的「教案」了。教案鬧入中國官府，中國官不敢開罪洋人，就拿捆殺拳民來消洋災。拳民不敢抗官，益發拿仇殺洋人來報復，這一來，教案就沒完沒了了。而教案又以出「響馬」出名的山東爲最；而山東又有個新帝國主義的德國正在找碴兒，以便藉口佔領膠州灣，火上加油，山東就全省大亂了。

大亂如何得了，清政府乃於一八九九年（光緒二十五年），把個以殺人出名的大屠夫旗人毓賢升任山東巡撫。毓賢以前作曹州知府時，有一任三個月，殺死一千五百人的驚人紀錄。如今升任巡撫，那就更可大開殺戒。但是山東老鄉有腦袋二千五百萬顆，哪裡砍得完呢？砍多了，巡撫大人也多少心有不平。毓秀才做官是從知縣知府做起的親民之官嘛！他深知教民拳民相互仇殺之間，拳民也是「良民」嘛，犯了教案，爲了安撫洋人，爲何專殺拳民呢？依附洋人的教民，「吃教飯」（洋人叫Rice Christians）爲非作歹的多著呢！他這念頭一轉，新花樣就出現了。他決定對義和拳的政策，改殺爲撫。索性把一「團」一「團」的拳民，編成「民團」。因而他乃通令把義和「拳」，改爲義和「團」，並發下「毓」字大旗，把全省地上地下的黑白社會，通統編成由政府認可的「義和團」。——毓巡撫這一決定雖然不能解決任何問題，卻弄得全省哄然。他自己也就「放下屠刀，立地成佛」了。朝廷得報也認爲他是個「治世之能臣」，慰勉有加。這一來，毓大人一不做二不休，乃通令全省，以後凡洋人有所要求，「一概當作『耳邊風』！」「團民」得令，自然更是搖旗吶喊，在毓大人領導之下，正式叫出「扶清滅洋」的口號。一呼百應，全省鼎沸。

〔附註〕這在我們搞「行爲科學」的範疇之內，便叫做「意念決定行爲」。毓賢巡撫這一意念，就決定了他治理山東省的政治行爲和政策了。

但是洋人又豈是好惹的呢？想當年道光爺、咸豐爺，最初不也是「耳邊風」他一下，等到圓明園著了火，驕傲的小皇帝帶著小老婆懿貴妃（慈禧），抱頭鼠竄而去之時，才叫小六子（恭親王奕訢）不惜一切代價聽從洋人。筆者曾撰有專書論之，此處便不能詳談了。

總之，毓賢這個土秀才，不知大清帝國此時已在瓜分邊緣（洋人叫做cutting the Chinese melon），列強對華正作分贓競賽（battle of concessions），中國佬只能「拉一派、打一派」，以夷制夷，哪能把所有洋人一鍋煮，小不忍而亂大謀呢？果然洋人在山東無奈他何，一紙抗議到北京，毓大人就丟官了。——毓賢被調往山西，他的山東遺缺就由袁世凱遞補了。

袁世凱於一八九九年冬率領了他那支已超過萬人的武衛右軍，前往濟南接事。——這時山東遍地都是義和團，袁世凱來此怎麼辦？朝廷給他的訓令，爲著應付洋人，顯然是「陽剿陰撫」。但是根據大陸近年在山東各縣所搜集的地方檔案文獻，袁的政策卻是個相反的「陽撫陰剿」。他顯然指使他的胞兄營官袁世敦和部將張勳（就是後來搞「復辟」的那個張勳，此時對袁自稱「標下勳」），把山東各地的「假義和團」，殺得血腥遍地，人頭亂滾。——眞義和團敵他不過，乃紛紛北竄直隸（今河北省），最後被領入北京，鬧起紅衛兵來，就不可收拾了。筆者曾草有數萬言長文詳敍之。讀者高明，尚懇不另塵教也。

袁世凱爲什麼要和義和團過不去呢？

第一，他是個洋務派官僚，對華洋兩造都知彼知己。他知道洋人在華（包括傳教士），是急則合，緩則分。你要搞以夷制夷，只能分而制之。搞義和團是促使諸洋大聯合，爲淵驅魚，搞不得也。

第二，他也是傳統官僚，對草芥小民的黑社會、土迷信，一向也認爲是盜賊淵藪，必要時他也未始不可作袁屠夫，一殺了事。連國故學大師曾國藩不都是有名的「曾薙頭」嗎？何況職業軍人袁老四乎？他們那個時期還沒有什麼「社會問題」這一概念。他們只知道強盜土匪就是壞人，就該剿滅。偶爾雖可招撫以勸善懲惡，但是像毓賢那樣大規模的招撫，只能更增加麻煩。盜賊土匪很多都是飢寒貧民鋌而走險的，毓大人把他招撫了，並未能解決他們的衣食問題。當了兵還要靠搶劫過活，那就官匪不分了，這在傳統官僚看來成何體統？所以他就力主剿滅了。當然剿滅也解決不了吾人今日才瞭解的所謂

「社會問題」。但是剷滅總是合乎三千年傳統的老香火。——談什麼解決社會問題，那就把十九世紀錯當成二十世紀了。

有的歷史家硬把袁之驅逐義和團，說成取媚於帝國主義，那多少也是逞口舌之快了。

總之，袁在山東可說把義和團趕得十分徹底。等到庚子之夏，拳民把北京、天津、涿州、保定鬧得天翻地覆之時，義和團發源地的山東省，反而一片清淨，匕鬯不驚，山東老鄉對袁巡撫倒頗爲感戴呢！等到義和團小將挖了鐵路，拆了電線，圍了使館，北京與外界交通完全斷絕，洋公使生死莫卜，倫敦《泰晤士報》已刊出英國駐華公使的「訃文」（obituary）時，袁世凱的濟南府忽然變成世界矚目的交通樞紐了。——原來那時身在軍機處的榮祿，表面上雖在指揮「武衛」各軍，尤其後衛「甘軍」攻打使館，實際他早已裡通外國——他一面不斷以軍火、食糧、蔬菜、瓜果接濟在使館被困之洋人和「二毛子」；另一面又利用傳統驛馬的日行「八百里加急」，與濟南府的袁世凱信息不斷。

通過這個交通樞紐，不但使世界列強確知他們駐北京的公使們（除掉德國公使）和夫人們，平安無恙的眞消息，也使世界媒體遍傳，中國太后和皇帝「被拳匪劫持」，中國皇帝對世界十一國列強的〈宣戰詔書〉是「矯詔」、是「僞造」等等的假消息，使洋人信以爲眞。

它不但傳達了太后懿旨，重任李鴻章爲直隸總督、北洋大臣，享有對十一國列強議和之全權，它也提供了情報與設施，讓李全權有足夠資本去搞其對十一列強「挑撥離間」之詭計，終使老美一國能與其駐北京公使「密碼通訊」，以美制歐、制日，把大清從「交戰國」變爲「受害國」，賠款而不割地。使十二國（包括中國）以國際條約（非「和約」）互制，在中國有「均勢」(balance of power) 而免「瓜分」(partition of China)。

囚公使，作人質

筆者在前撰有關庚子聯軍諸篇曾點明，西太后並不那麼糊塗。她分明知道中國與列強之一的英、法、日對壘，尚且一敗塗地。庚子之役，她如何糊塗到對十一國列強「同時宣戰」呢？

回答這一問題，不能從心理學出發，說她歇斯底里什麼的。——這個老太婆，的確是個潑婦，但是她也頭腦細密，拿得起，放得下。她「放潑」的對象只是滿漢臣工。因爲她當國四十年，對兒皇帝和滿漢臣工的掌握，她是有百分之百的把握的。你碰了她的脾氣，她就潑你一下，看你怎樣？任憑你是怎樣的齊天大聖，諒你也跳不出老佛爺的手掌心的。

可是這老太婆不通夷務。洋人在圓明園一把火把她嚇慘了。她對操縱洋人毫無把握；對洋人的喜怒哀樂、外交方針、政治行爲也毫無所知，因此她最怕洋人，絕不敢對洋人「放潑」。但是她這次爲什麼忽然對十一國宣戰呢？那也不是在死到臨頭，捨命和洋人一拚；更不是相信義和團的法術可以「扶清滅洋」——她根本不相信那一套。在她對十一國宣戰前夕，她還要勒令解散義和團呢！

但是老太婆爲何突然對十一國宣戰呢？

答曰：那是受一椿「假情報」刺激的結果。在一九〇〇年六月十六日，西后在一項討論和戰大計的六部、九卿、軍機、總署、諸王、貝勒同時出席的「御前會議」裡，還力主召回李鴻章和袁世凱，主持對列強和談；並令剛毅和董福祥，共同開導義和團，「

勒令解散」。誰知當天夜裡榮祿收到一宗假情報，說十一國公使已共同決定「勒令皇太后歸政」。這一記莫須有的情報把老太婆嚇得魂飛天外。

這是西后最怕的一著，如今竟變成事實。因此在翌晨（六月十七日）的第二次御前會議裡，西后方寸大亂，直至語無倫次。那效忠西后最激烈的親貴二十餘人，竟相擁哭成一片。

這一哭一鬧，乃把二十四小時之前的決議，全部推翻。——接著便是德國公使被槍殺（六月二十日），主和五大臣被砍頭，六月二十一日她就以兒皇帝之名和英、美、法、德、義、日、俄、西、荷、奧匈十一國同時宣戰了。

那位後來也在中國「當差」的費正清的英籍老師摩爾斯，面對西后此一轉變，也覺不可解，他說：

> 太后一向作事都是留有退路的，只有這一次，她這個政治家只剩個女人家了。

其實摩老師有所不知。老太后這次誤信了一記假情報，自覺死到臨頭，已無「退路」可走了。她倒不是「政治家只剩個女人家」，而是這個女政治家想學學中國古代男縱橫家——經過數天的考慮之後，顯然的她是把這十一國的駐華公使和代辦們扣起來作「人質」(hostage)，然後以義和團小將爲替罪羔羊和藉口（這和毛澤東利用紅衛兵小將如出一轍），「綁票勒贖」，迫令各該國政府改變對她老人家（勒令歸政）的既定政策。

義和團之亂鬧成八國聯軍，其「畫龍點睛」之筆，便是這記不知誰人僞造的假情報！——這也是一個獨裁者（其後包括孫、袁、蔣、毛、鄧）在「一念之間」所決定的「政治行爲」，完全發諸「偶然」的政治行爲，影響國脈民命，「一言喪邦」最明顯的例證之一。這也證明，個人或一黨專政的政體，不能適應現代文明的意蒂牢結的實驗報告。

〔附註〕蔣介石決定犧牲外蒙時，連他最親近的機要主任陳布雷，和他的小舅子宋子文都不知道，所以宋拒絕簽字，而以一個專心想做外長的王世杰去作替罪羔羊。蔣之決定對日放棄賠款，也完全出於一個人的決定，可能連他老婆都不知道，所以後來杜聿明罵他爲「獨夫」。以一個人的簡單幻想去敵一黨（中共）兩國（美、蘇），他怎能不失敗呢？他（她）一失敗，四萬萬人跟著遭殃。毛就更糟了。他恨彭德懷於一念之間，破壞了連赫魯雪夫都十分忌妒的「二五計畫」，終於餓死農民數千萬。文化大革命前夕，他再恨劉少奇於一念之間。他原想搞個六個月的紅衛兵運動把劉搞下去就結束，誰知又一搞十年，死人億萬。——毛曾一再說過，文化大革命只搞六個月。誰知縱是毛澤東要久了，狐狸尾巴也有暴露之時，六個月就變成十年了。同胞們，我們如今也受夠了吧！言之可嘆。

老太后出了岔，那是她千不該、萬不該，把李鴻章下放廣州。李如仍在北京，也參加了御前會議，派個人去問問赫德，或直接去問問各公使，哪會上「蔣幹偷書」這個大當呢？無奈李被排擠而去，剩下了一些無知而好權的土高幹，碰到這一情況，就只好「相擁哭成一團」了。他們那時沒有「飛彈」。如有飛彈，他們不亂放一通才怪呢！——就這方面來說，那位讀破《通鑑》的毛老大，就比葉赫老太婆高明。毛把他的「李鴻章」（周恩來）侮辱得不成個人形，但是就不下放他去廣州當代理書記（李鴻章是「署理」）。再委屈，你得待在北京。義和團攻打使館時，你得替我分析情報！周恩來也乖，比李鴻章更乖。李老頭還倚老賣老，私下大逆不道，有時還把老太后和小皇帝說成什麼「婦人孺子」。這老婦人（武則天！）倒頗有度量。讒言、特務雖然報告了，她也不生氣。她的原則是，只要你對老娘忠心耿耿，不搞行動反對我（雷震坐牢就是要搞「行動」的結果），你老混帳，狗嘴不長象牙，講點髒話，老娘不在乎。——周恩來就不同了。他做了一輩子小媳婦，絕不敢說半句「髒話」。他把個尼克森、季辛吉，玩弄於股掌之上，倒頭來還「遵循偉大毛主席的革命外交路線」！——筆者早在一九七二年，就尾隨尼大總統之後，回大陸探母，頗受禮遇。從上海、安徽到北京，眞把這十四個字，聽了好幾百遍。老實說，作爲一個倒楣的歷史家，聽了心頭直是嘀咕，還是我們合肥那個倚老賣老的「漢奸李二先生」，比周恩來那個小媳婦更有「宰相之風」！當然毛的器度，也比不上那兩個遠甚鬚眉的臭老太婆。——毛好裝腔作勢，反而不如兩位老太太，有「英雄（雌）本色」。

閒話扯多了，再回頭聊聊老太后。當〈辛丑條約〉原本電報抵達西安時，據說老太后欣喜不盡，因爲洋人這次，一不要她「歸政」（這是她最怕的）；二不要她「割地」（她雖不在乎，究竟窩囊）。賠點小錢，在這位一擲百萬的老姨太，那才不在乎呢！錢反正不是她的。哪兒籌來，反正是李鴻章的事。在老太后看來，鴻章和戎之才，眞是古今無雙。鴻章之功，保國衛主，也眞是遮天蓋地。老李雖然爲她累死了，死了也要封侯——把「肅毅伯」晉封「肅毅侯」。

鴻章遺札保薦袁世凱自代。老太后追念老臣，愛屋及烏，袁世凱便以四十二歲的壯年，繼世界馳名的「李鴻章」之後，就做了大清帝國的「宰相」了。

袁世凱的變法改制

慈禧老太后吃一塹、長一智，通過這次驚險的逃亡，她氣焰也低了，私慾也少了；年紀也大了，把握也小了。自此軍政大事，也不敢亂作主張，唯宰相是賴。她信得過李鴻章，也就信得過李所保薦的接班人袁世凱。

袁世凱根據他晚年的所作所爲，公正而深入的歷史家，也無法否定他是「亂世之奸雄」。但是通觀他一生在內政、外交、軍事、經濟各方面的領導才能，讀史者也不能否定他是「治世之能臣」。把清末民初所有的高層風雲人物，若論將相之「才」來排排隊，我個人就覺得，諸公幾乎無出其右者。李鴻章、周恩來二人或可相擬，甚或過之。但李、周二人失之太君子。尤其是周恩來，簡直失之軟弱。輔助阿斗，周可爲諸葛亮；屈居毛下，有時就助紂爲虐了。試看他連個孤雛義女孫維世，被姦被殺，都不敢置一辭，這個宰相也就很難比諸「古大臣」了。暴君之作惡，亦宰相愔弱之過也。李鴻章這個翰林，也不夠「跋扈」，不夠「流氓氣」。吃他們那行飯的，要推動工作，駕馭同官上下的大小流氓，就不能像胡適那樣地畏首畏尾、臉皮薄、心腸軟的白面書生了。——袁世凱在這方面比李、周二人強多了，因此他也就失之在太跋扈；失之在手硬心狠，沒有高知氣息，爲士林所鄙。如今數十年了，恩怨早斷，袁公在中國近現代史上，仍難平反，其原因亦在此。有其長，必有其短。令人嘆息。

但是袁某畢竟是近代中國數一數二的治世能臣，得君甚專。所以他從一九〇一年冬，至一九〇七年秋，幹了六整年集軍政大權於一身的大清帝國的實際的「宰相」（直隸總督、北洋大臣）。興利除弊，變法維新，也做了不少建樹。只因爲那是「袁世凱」做的，在歷史上就略嫌灰黯了。——在這六年中，袁是儘量自我貶抑，捧滿族親貴出頭，自居其下。無奈這些親貴太顢頇，而袁自己又要做事，無法不露鋒芒也。西太后老人家對他是信之、任之、寵之，但這老寡婦也知道，她在做小寡婦時，她的政權是以殺「權相」肅順起家的。如今她自己也行將就木了，而眼見另一漢族「權相」袁世凱，聲望日隆。爲下任孫皇帝阿斗著想，她就先要除此「肅順」，以後才能瞑目，因此經過一番佈置，便把袁某「踢上層樓」——由有實權的直隸總督、北洋大臣，於光緒三十三年（一九〇七）、慈禧與光緒死前一年，七月二十七日（陽曆九月四日）調升有職無權的軍機大臣，兼外務部尚書。這一調，袁相國在他的「二五計畫」（且借用一個五十年後的名詞）中的許多項目，也都適可而止，甚或乾脆泡湯了。

事實上袁世凱在他爲相六年之中所推動的各項建樹，也可說是「袁世凱的變法改制」吧！每一項（如廢科舉、興學校）都可寫一本博士論文。吾人也不妨三言兩語，點到爲止，也算是項紀錄吧！

第一是軍事。袁以其完整的「武衛右軍」爲基礎，逐漸練出一支精銳的、現代化的國防陸軍。有名的「北洋六鎭」（每鎭六千人，約合今之一師），和與這支國防軍有關的各項設施，諸如「保定軍官學堂」、「軍械學堂」、「軍醫學堂」、「經理學堂」、「馬醫學堂」等等，都是袁氏一手創辦的。袁更擬訂全國徵兵方案，並由朝廷飭令各省興辦陸軍小學，依次遞升至陸軍大學。他的最高目標是爲大清帝國練出三十六鎭現代化的「常備軍」。

〔附註〕抗戰前夕，國府軍委會曾著手編練三十六個「整編師」。數目可能是不謀而合；也可能是以袁的老方案爲張本的。

三十六鎮的計畫，自然因袁的調職而擱淺。但是這「北洋六鎮」卻是辛亥革命時，袁氏復出的最大本錢。袁死後它們也是皖、直系的基本武力；它的軍官都變成了「軍閥」，爲國人所詬病。可嘆的是，一個國家政治不上軌道，哪一個大軍官不是軍閥呢？政治上軌道，他們不都是國防精兵？

其外袁宰相還爲大清帝國練出一批現代化的警察。根據〈辛丑條約〉，洋人不許中國在天津市及京津鐵路沿線駐兵。袁乃挑選身高體健的北方農民，寓兵於警，訓練出數支極其現代化的警察——他們也是中國有史以來的第一批現代化的警察。民初京、津兩市的警政是享譽世界的。一九二七年（民國十六年）國府定都南京時，爲著新首都市內的安全、秩序和門面，還向北平、天津兩市借調數批警察呢！

關於海軍，袁就無能爲力了，因爲「庚子賠款」數目太大，全國羅掘俱窮，重建海軍需款過巨，政府就無此鉅款了，雖然他也做了些整補的工作。

可是袁對落後無效的政治制度和教育制度，卻做了翻天覆地的大改革，尤其廢除科舉考試這一項。科舉從漢朝的公車舉士開始及隋唐改為考試以還，已有兩千年以上的歷史。這一制度，第一是牽涉到全國人民的教育文化生活。普及和振興教育以各級考試督導之；它也是化民成俗的主要媒介。第二它也是為政府官員遴選候補人、接班人的培訓機構。捨此則政府官制將陷於混亂（例如後來國、共二黨所搞的有欠公平的「入黨做官」的辦法，則比老科舉制度不逮遠矣）。科舉是個有千年以上的歷史，牽涉深遠，實驗可行的「較好的制度」（better system）——現代政治科學家也公認「民主」是個可行的「較好的制度」，雖然並不是「最好的制度」（best system）。這一制度陳腐了、過時了、不適用了，要加以廢除。但它的作用牽涉太廣，不可說廢就廢。要廢，就必須有計畫、有步驟的作其釜底抽薪之謀，才不會出紕漏。——袁就掌握了此項原則，先穩定了各級地方官的培訓工作；同時興辦新式學校——袁早在拳亂期間即已在濟南創辦山東大學以期替代科舉，及升任北洋大臣，更創設各種學堂，並力主選派學生赴國外留學；一以培育人才，亦為莘莘學子另覓職業出路——一切行之有效，科舉不廢自廢，袁乃領銜與開明的封疆大吏張之洞、岑春煊等，奏請廢除科舉。果然在全國安堵，四境匕鬯不驚中，千年科舉，就在「丙午科」（一九〇六）悄悄地滑入歷史了。

吾人熟讀「戊戌變法史」，想到張之洞初曾全力支持康有爲推動變法，而爲康氏這位教條主義者所峻拒的往事，再看袁張興學校廢科舉的成績，便知其高下！——當國執政者，不怪自家無見識，而以木頭頭腦，自作聰明而誤己誤國，可不愼哉！

袁氏另一種建樹便是科技、路礦和各種現代企業了。巧婦難爲無米之炊。國家財政，被庚子之亂及賠款，拖入絕境。袁公試圖恢復經濟，振興企業，用句五十年後蔣經國的名詞，可說「克難」而爲之。雖限於條件，亦頗有聲色。例如開灤煤礦，我國之最大煤礦也。誰知在拳亂期間，經英商上下其手，巧取豪奪，竟然變成英商財產。亂後我國欲收回自辦，而英人根據已簽的合同，與國際公法條例爲藉口，霸佔不還，甚至企圖以清國違犯國際財產法向我興訟。打國際官司，大清帝國哪有此人才（老實說，縱是今日的人民共和國也人才不多啊）。不得已乞援於「洋員」，而洋洋相護，又豈有好結果！——我們最後撈回了開灤，也眞是難爲袁老四了！敍其詳情，四百頁大書也。讀者如欲稍稍深入，則參閱上引吾友陳志讓教授著《紫袍加身》（頁八六～九〇），當可略知其詳。

礦路之外，袁公對郵傳（政）、無線電報、招商輪船局、新式幣制……等亦多有創建與改革。筆者手頭史料盈筐，抄錄不盡也。前引侯宜杰教授大著中，亦頗有徵引（見該書頁一一一～一一五）。侯君一反袁作家也。然對袁氏之建設，亦多有肯定之辭。

在中國近代工商業發展史中，李鴻章、張謇、盛宣懷、袁世凱，固經濟史中之蕭、曹也。然袁則頗有異於其他三人。蓋李、張、盛三公均爲代國家管治金融企業之高官也，然三人皆「下海」（且用個今日大陸上最時髦的名詞），最後自己都做了大官僚資本家，與國民黨時代之孔、宋，共產黨今日之陳希同、王寶森……，以及無數高幹子弟（包括周北方），甚至鄧樸方、質方兄弟一樣。——李鴻章和他的兒子們，都是招商局等大企業的最大股東！

讀者賢達，您批覽拙著至此，千萬別大驚小怪！說句意蒂牢結的話，官僚資本家化國庫（或利用國庫）充實私囊，是封建社會的王侯（或中國的宗法社會裡的職業官僚）轉型爲市場經濟中的「自由企業家」的必經之途。以前的英國如此，法國如此，後來的日本亦如此，今日大陸也是如此！美國的民主政治，牛皮遮天蓋地，他少爺早年的參議院，還不是叫做「百萬富翁俱樂部」？——有權不用，過時不候！不吃白不吃！不拿白不拿！……天下烏鴉一樣黑！不這樣，大家吃大鍋飯，幹不幹，八分半，哪還有啥經濟奇蹟呢？——賺飽了以後大家再到「俱樂部」去肢體抗爭一番，白吃白拿就行不通了。訪台的大陸教授們訕笑台灣的立法院「動不動就打架」！我這個在電視中觀戰吶喊助陣的「歸國華僑」，倒要爲氣呼呼的立法諸公辯護，而告訴我的北京朋友們說：「等到你們的人大代表也開始打架，中國就有希望了。」

但是奇怪吧！在這傳統官僚變資本家的必然轉變中，袁世凱倒是個例外。他既不是個資本家，又不炒股票，也不做「股東」什麼的。他帳目不清則有之，也多少有幾個錢零花，但爲數有限。不像李鴻章、盛宣懷，富可敵國！

「袁世凱還是個清官呢！」——古怪吧！

但是袁的另項更深遠的計畫就觸礁了——他要在中央搞「君主立憲」，在省區搞「地方自治」。

立憲自治落空，革命保皇合流

有的歷史家便不認爲，康有爲被放逐以後的清末立憲運動與袁世凱有直接關係，而說推動者另有其人。本來一個文化運動或政治社會運動，便很難說誰是老祖宗。白話文白話詩，始自胡適？實驗主義的開山祖是杜威？甚至儒家的始祖是孔丘？都未必也。寫歷史的人要注意的是誰爲首要。清末日俄戰後，國人咸以「立憲」的日本打垮了「專制」的俄國，而一窩蜂要學日本搞「君主立憲」。袁是目光敏銳的「宰相」。他自覺在這椿極時髦的大救亡運動中，他應順理成章的居於領導地位——這是一個時代意志，敏感的政治人物是跳不出佛祖之手掌中的——君不見北伐之前的聯俄容共時，連那殺了一輩子共產黨的蔣介石，還不是在日記中寫著，他相信「精神出自物質，萬物始於一元」。——這時袁世凱要領導「立憲運動」的心理正是如此。以他那時的政治權力與地位，朝野亦無異議。連他的老政敵張謇狀元，也屈尊希望他大力領導。並在各省試辦「地方自治」。

一九〇五年俄軍在我東北潰敗之後，立憲運動在全國各地也如決堤之水，一瀉而下，無法阻止。西后終被袁世凱說服，批准十二年行憲之議，並派「五大臣出國考察憲政」。五大臣出國被刺，再出國，那樁鬧劇，毋煩贅述。滑稽的是五大臣遍遊歐美，歐美媒體，記載彌詳。他們看電影，聽歌劇，看勇士鬥牛、舞女大腿……，憲法何從考察起呢？——事近一個世紀了。歷史還在不斷的重演呢！吾儕華僑，亦閱人多矣。思之可笑。

但是這五位長辮子、掛朝珠、之乎也者的大官僚，對憲法雖一無所知，回國之後，總得寫篇「考察報告」。他們自知不能寫，因此在出國公費旅遊之前，就早在尋覓捉刀人。——那時的留學生也沒幾個能執筆啊！誰知最後的撰寫人，竟是大叛國犯梁啓超，和小投機客楊度，豈不可笑哉？

推開窗子說亮話。梁啓超和楊度又知道多少「憲法」呢？但這一來，倒把康、梁流亡的老立憲派，和以袁世凱爲重心的新立憲派，扯到一起了。迨西后一死（一九〇八），老袁再度魂飛天外，然終免一死而被「開缺回籍」之後，無知而好權的滿族親貴把持了朝政，開明派、立憲派一致靠邊站。親貴不但一黨專制，而且是個極右派專權（和今日北京朝政，頗有異曲同工之妙），大清朝政，就是另一套把戲了。

迨武昌城內一聲砲響，各省諮議局群起響應。諮議諸公爲何許人？孫文大總統和同盟會就不能全部掌握了。迨「洹上釣叟」收起釣竿，拿起槍桿，挾「六鎮精華」一時俱來，民國政局，就「非袁不可」了。

＊一九九六年六月二十九日脫稿於台北南港

原載於台北《傳記文學》第六十九卷第一期

五、論孫文思想發展的階段性

導論：從「聯俄容共」到「聯美容國」

根據長期研讀中國近代史的心得和長期居住於一個多元文化社會的體驗，筆者於一九六〇年曾發表一篇論文，曰〈中國現代化運動的階段性〉❶，在拙文中，我認爲近代中國從以農業經濟爲主體的傳統社會，逐步走向以工業經濟爲主體的現代化社會，發展程序是一個「階段」接著一個「階段」，循序作波浪式前進的。中國要現代化，就要通過許多次險惡的波濤，然後才能風平浪靜，漸次走向富強康樂的太平盛世。

但是中國現代化的社會發展，在通過這些不同的「階段」時，各個階段皆有其特定的主題。這些主題的形成，都不是理想家們坐在皮椅上幻想出來的，它們是社會、經濟、文化發展的實際演進和國際形勢的變幻逐漸鑄造出來的。換言之，它們是客觀機運參以主觀智慧逐漸融會貫通的，不是根據工程師的藍圖，一層層造起來的。

再者，這些不同階段的主題，且往往是前後對立的，峰迴路轉相互矛盾的。因此一個政黨或一個政治家，在推動一種現代化運動之時（不管這一運動是激進的「革命」或緩進的「變法」），他們都要抓住各該階段所特有的主題，從而推動之；既不能落伍，也不能躐等。抓不住主題而落伍了，那他就要被時代所遺棄，甚至流入「反動」，變成「革命對象」。相反的，如抓不到主題而亂搞不急之務，躐等前進，那就變成空想或過激。空想、過激，對群對己都是有害無益的。他的運動也必然受挫。但是前一階段的空想，往往也可變成次一階段的主題。如此各「階段」相承相催的程序之中，中國現代化運動，是不能「畢其功於一役」❷；它是或緩或急，永遠不斷地向前流動的。

二十年過去了，國事滄桑幾變；作者個人如今亦已兩鬢披霜。但是把一九六〇年以後，國史上所發生的事實，再為昔年拙文作補充注腳，則益信當年管窺所見而提出的「

假設」，有其史學上的眞實性。因此不揣淺薄，再次以一管之見，對孫文先生之思想的發展過程，從宏觀著眼，加以檢討，來闡明孫氏思想之發展亦有其配合時代前進的「階段性」。孫文之幸運和偉大之處，便是他居然能兩度掌握主題，並從而領導了中國現代化運動中兩個極重要的階段——那個面向英、美的「辛亥革命」和面向蘇聯的「聯俄容共」。

孫中山對「聯俄容共」這一階段、這一主題之掌握，簡直與鄧小平今日的「聯美容國」政策，前後輝映，有異曲同工之妙！讀歷史的人，如把這兩件史實攤開來比較著看，眞不禁拍案叫絕。前事不忘，後事之師！所以我們今日能把孫文思想發展的經過和他所掌握的各主題的「階段性」來分析一下，其意義也就不止於單純的歷史研究。它對目前中國政治、經濟、文化的發展，也應有其鑑往知來的作用吧！

爲孫文正名

讀者之中可能有人對拙文文題，首先便要提出異議——爲什麼不用「孫中山」之名，而要用個並不太通俗的「孫文」呢？這點，我得首先解釋一下：我們寫歷史的人，對所討論的足以永垂史册的歷史人物，應該用他在歷史上活動的本名，不該用那些後來才使用的通俗名字。列寧原姓烏里揚諾夫，但是他在歷史上所發生作用的名字，則是他的化名「列寧」。史書上、檔案中但見「列寧」而不見「烏里揚諾夫」，所以歷史家就該用「列寧」。愛新覺羅・溥儀，民國初年的人都叫他「宣統」，或「宣統皇帝」，但是寫歷史的人，則應叫他「溥儀」。曾國藩在清朝的諡法是「曾文正公」，寫歷史的人則應叫他本名。國民政府給予孫文的諡法爲「國父」，寫歷史的人也不應該用諡法稱謂。秉筆直書的史家如用諡法稱呼，就只能寫歌功頌德書，而不能寫史書了❸。

「孫中山」之名爲今日世俗所通用。但是被稱爲「中山先生」的這位先生本人，却一輩子未嘗自稱爲孫中山。他的名字大致有十來個，但是他在歷史上活動的名字則叫「孫文」。他自己生前所習用的，以及有關於他的一切公私文件，均用「孫文」❹。

「中山」一名的眞正來源，今日已不可考；有人說他一度用過日本化名之一曰「中山樵」；也有人說那是日本人替他取的，含有貶抑中國的意味❺。梁啓超（一八七三～一九二九）在本世紀之初，與孫氏作保皇與革命鬥爭時，向康有爲（一八五八～一九二七）作報告，亦偶用「中山」一辭，亦似有不敬之意❻。

二次革命之後，中山或中山先生之名始漸普遍。首用「中山先生」這一稱呼而含有敬意的，據說是章士釗❼。此事猶待續考。但是我們可以肯定的一點便是，孫氏除偶用「中山」作化名以圖避人耳目之外，他向未自稱中山；在他所簽署的公私文件，以及他生前與他有直接關係的公私文件，亦向無中山之名❽。所以我們今日用中山之名來為他開個紀念會，固無不可，但是史家正式執筆為他紀事或作傳，則該用他的本名「孫文」，不該用「孫中山」了。

「驅除韃虜」的口號叫對了

孫文曾把啓蒙時代的中國知識分子分為三等，曰：先知先覺、後知後覺、不知不覺❾。從鴉片戰爭到辛亥革命這一段時期，在中國搞「洋務運動」的人，在思想界多少都有點先知先覺的成分。因為在近百年來中國步向現代化的過程中，「西化」與「現代化」實是那個時代——從鴉片戰爭到辛亥革命——的同義字。魏源（一七九四～一八五七）那一輩洋務派主張「師夷之長技以制夷」❿，著重的是堅船利砲。張之洞（一八三七～一九〇九）那一輩，則主張「西學為用」。他們比魏源進了一步，因為他們要「用」

的，已不止於堅船利砲了⓫。到康有爲主張以西法變中法，搞英國式的君主立憲，則其西化的程度，已經由「用」而及於「體」了⓬。而孫文（一八六六～一九二五）當年那一批小華僑們，則主張「驅除韃虜，建立民國」⓭。那至少在政治上也有點「全盤西化」的意味了。

整整一個世紀快過去了。今日我們讀歷史的這批後知後覺，來翻翻滿清末年的老帳，覺得孫文這一派所抓到的實在是那個時代的主題。當時在海外定居、留學的小華僑和留學生如孫日新（中山學名）、楊衢雲等，對這個主題均已洞若觀火，可是國內的知識界則尚見不及此⓮。

由民族革命從而建立「民族國家」（nation state），實是人類現代文明史上的特殊現象。一部現代世界史便是一部諸民族國家之間的鬥爭史；它也是工業革命初期經濟發展的必要條件。亞當・史密斯（一七二三～一七九〇）撰寫的《國富論》中所論之「國」，便是當時在英格蘭小島上盎格魯・薩克遜民族所建的英國⓯。美國革命時期的十三州，事實上也是一個民族國家，其後擴張成北美洲的一大帝國主義，才對其他民族兼容並包的⓰。

這一民族國家在十九世紀之末季，由於德意志和義大利之統一，並產生了許多民族英雄的傳奇故事，民族主義竟成爲當時的時代精神⓱。白種帝國主義者尚且如此，則被壓迫民族就不用說了⓲。

我國的滿清皇朝到十九世紀末年，實在是氣數已盡，無法再繼續下去；但是百足之蟲，死而不僵，不擊中要害，它會無限期地苟延殘喘的。天王洪秀全的錯誤，便是他沒有抓住這個主題，而亂搞其不急之務的「天父天兄」，終至身死國滅，爲史家所笑⓳。他那時如只搞單純的「民族革命」，恐怕曾、左、李、胡也早已望風披靡了，「中興名臣」云乎哉！

所以從實力上說，孫中山比起洪秀全來，相差不知幾千萬里了，而偌大的清帝國不亡於洪、楊，卻被孫文的幾個口號叫垮了，何哉？主題使然也。孫中山把主題摸對了，幾顆炸彈一丟，滿清帝國就土崩瓦解了⓴。

我國戰國時代軍閥打內戰，有個叫智伯的用河水來灌人家城堡，灌得對方吃不消了，智伯大喜說：想不到灌水也可亡人之國㉑！其實亡人國並不必灌水。只要主題找對了，叫它幾個動聽的口號就夠了！打內戰，口號比洪水厲害多了呢㉒！

孫文這個「驅除韃虜」的口號是叫對了，因爲它主題鮮明。在這個主題之下，把大清帝國之內一切罪惡，都派給韃虜去承擔，打擊面縮小，抵抗力也減少。在一般人心目中，一旦韃虜驅除，中華恢復，則其他一切枝節問題似乎均可迎刃而解。這一響噹噹的口號，在那時眞是既可服人之口，又可服人之心。人心之向背，便決定了大清帝國覆滅的命運。所以武昌城內一聲砲響，舉國風從，「辛亥革命」就變成個歷史上偉大的里程碑了㉓。

美國模式的困擾

以孫文爲精神領袖的「驅除韃虜」這個模式的「革命」，歷史上是有先例的。早在一三六八年，鳳陽人朱元璋就照樣的驅除韃虜、建立明朝。朱元璋的問題不大，他把韃虜驅除了，按照傳統模式，做個「開國之君」，則一切問題都迎刃而解。可是這同一型態的民族革命，發生在一九一一年，問題便複雜了，因爲它發生了韃虜被驅除之後的國體問題㉔。「帝制乎？共和乎？」無論帝制論者是怎樣地能言善辯，二十世紀的世界潮流是不許任何人再來做皇帝了㉕。

既然時代已不允許再出個皇帝，則「建立民國」就必然成爲另一時代的主題。問題是建立哪一種模式的民國呢？以孫文爲理論骨幹的革命黨人，毫不遲疑地選擇了當時的「美國模式」[26]。美國那時因搞資本主義而出了毛病，以亨利・喬治（Henry George，1839～1897）的理論爲基礎的一些社會改革家正在鬧一個叫做「國民運動」的社會改革[27]。

亨利・喬治的思想也影響了孫文，所以孫氏在考慮採取美國模式之後，又加上了一個新的革命口號叫做「平均地權」[28]。但是那時追隨中山的人，則認爲這一口號是不急之需[29]。而反對中山的人，則認爲它是煽動農民暴動的致亂之源[30]。總之，這一口號不是當時的主題。那個領導和推動武昌起義的革命團體共進會，乃乾脆把「平均地權」這一口號改爲「平均人權」[31]。

所以辛亥革命以後的民國，便是一個美國模式的民國[32]。那位一輩子崇美的胡適先生對這個「民國初年」的民主政制推崇之至；等到它終於崩潰了，胡氏還惋惜不已[33]。

不幸的是，這個生吞活剝了的「美國模式」在中國施行起來卻完全走了樣[34]。何以故呢？則史家論者多矣[35]。但是歸根究底一句話，便是中國並不是美國。它沒有英美傳統中的必要條件。東施效顰，就必然走樣。就以國會中，胡適先生十分信服的，從龍之士的八百羅漢來說，他們哪一個是眞正民選的呢㊱？八百羅漢之中，革命前很多都是捨身爲國的革命志士。可是革命成功了，做上「京議員」的大官了，又不懂代議士在民選政府中的眞正涵義，因而就難免個別的變成了貪財好色的官僚，把個國會弄得烏煙瘴氣㊲。要以這樣一批官僚政客的投票來制衡並組織「責任內閣」，把袁大總統選下去，這一點不特袁氏當時心有未甘，縱是當時有識之士和後世公正的史家也應爲袁氏不平㊳。

筆者讀史無心爲「洪憲皇帝」打翻案官司；只是覺得袁的對手方也並不那麼可敬可愛罷了。話說回來，民國初年那個美國模式的破產，不能單怪袁世凱要做皇帝，雙方都有責任；其所以然者，實是當時中國沒有實行美國模式的任何條件。天眞的胡適便因爲見不及此，才對當時那批政客存有奢望。

袁、孫對寡頭政治之嘗試與構想

胡適是位學者，寫文章看政事，難免天眞，故有惋惜。誰知文章不與政事同，那時捲在政治漩渦裡的當權派袁世凱和孫文可不是這麼想法。他二人都深深體驗出，解決中國問題之道，捨棄槍桿出政權，武力解決，打出個「寡頭政治」的中央集權的政體來，別無他途可循。所謂議會政治在當時中國是不可能實行的[39]。

在這方面有所構想，老實說，孫文較之袁世凱搶先一步。一九一三年「二次革命」失敗之後，中山再度逃亡日本。是年九月二十七日，孫氏乃用強制辦法，把那個原爲三權相制的國民黨，改組成一個由他個人來獨裁專制的「中華革命黨」[40]。這是一個革命政黨在性質上的轉變——事實上也可以說是國民黨成立以後的「第一次清黨」（一九二七年的「清黨」實在是第二次）。被清除出黨的（或不願加入的）都是一些譽滿中國的同盟會、國民黨時期的革命元勳，如黃興、胡漢民、汪精衛、于右任、李烈鈞、柏文蔚等人[41]。自此以後的「國民黨」（一九二〇年後改稱「中國國民黨」）就變成了一個由領袖個人獨裁專制的革命政黨了。雖然它的政策上明文規定著，在革命成功取得政權之後，老百姓們在它的訓政之下受訓，受訓及格，被認爲可以行使「政權」了，它便會主動地還政於民，實行憲政[42]。

其實正如盧梭（Jean Jacques Rousseau，1712~1778）所說的，一個人如使用沒有節制的權力，這權力是沒有不被濫用的[43]。所以縱是民主睿智的現代哲人孫中山亦在所不免。辛亥以前孫氏只是一個以「同盟」精神和形式組成的革命政黨的「總理」，他是不能濫用其權的。一九〇七年三月中山在日被逐出境，他只因私下收了日本政府贈送的區區五千元，已被黨內同志攻擊得體無完膚，同盟會幾乎爲之瓦解㊹。等到一九一三年之後，國民黨被改組，一些有民主自由思想的元勳被清除出黨，中山變成「中華革命黨」黨魁之後，情形便不一樣了㊺。中山爲著「黨」的前途，甚或個人的權力，他的政治行爲就逐漸脫軌。

舉一、兩件孫文獨斷獨行的小例子，便可見其餘：

一九一四年歐戰爆發以後，日本人利用歐洲列強無暇東顧的眞空狀態，向中國提出了有名的「二十一條」要求㊻。袁世凱當時是國家最高的主政者，他既不能接受，又不敢貿然拒絕，只有一面拖延談判時間，一面由當時身任大總統府和國務院雙重祕書身分的顧維鈞，暗中洩密，以引起國際間的注意和奧援，甚或干涉㊼。

在此國族危急存亡之秋，全國民心沸騰，甚至遠在重洋之外的留美學生也鬧起愛國情緒，集會喧囂，主張對日作戰，使那火氣不大的胡適曾爲之寫了英文信，勸大家安心向學㊽。這時因反袁而被迫流亡海外的激烈而有操守的國民黨領袖們，如黃興等，大都爲顧全大局，主張暫停反袁活動，並爲袁世凱撐腰，以便全民族一致對外，好向日本侵略者一面抵抗，一面交涉，一面在國際間爭取援助——這些都表現出愛國政治領袖們偉大的襟懷與器度[49]。誰知在這種情況下，曾做過革命黨最高領導人和中華民國第一任臨時大總統的孫文，竟不顧民族利益，與日本侵略主義者暗中往還，甘心以袁世凱亦不願接受之「二十一條」要求主動出讓予日本，以換取日本對其個人及其政黨之援助。

事緣一九一四年歐戰爆發，日方老政客大隈重信出面組參戰內閣；大隈與日本政客犬養毅爲故交，而犬養毅又爲中山舊友。中山乃因犬養之介與大隈接觸，並於是年五月十一日有密函致大隈，恭維大隈爲非常之人，可成非常之事，勸其助己倒袁。一旦倒袁成功，孫氏返華當政，當讓予日人前所未有之上述政治、軍事與經濟上之特權[50]。

此時孫氏在野，國民黨人四散，中山所許雖重，究係空頭支票，顯未受大隈之重視。然說者有以孫文主動提出中國主權之出讓，實爲翌年大隈內閣對袁提「二十一條」要求之張本。孫氏之密函既未受大隈之重視，中山乃於翌年（一九一五）三月十四日，當「二十一條」正在提出之時，再度密函大隈內閣之外務部政務局長小池張造，重申前函之建議，並加重出讓中國權益之具體內容。孫之所允者，較之「二十一條」之內容，實有過之而無不及㉛。

以上所述中山與日本侵略集團之暗中往還，爲今日日本政府舊檔案中所查出者，至於已失之文件，或不見諸文字之交往，恐猶不止此也。孫文在中國近代史上，可說是最受各政黨、各社會階層，及當今史家所敬仰之政治領袖，其政治祕行若此者，其原因蓋有三端：

1. 孫、袁二氏俱對議會政治絕望，認爲非個人獨裁不能起民於水火；
2. 政治獨裁，二人均有「非余不可」之心，爲國爲民而不擇手段，「小德出入可也」；
3. 袁之在全國，孫之在一黨，已形成「擁有無限制權力」之領袖。權力無限而濫用之者，袁、孫二氏殊途同歸而已㉜。

「護國」與「護法」運動的史實與是非

「二十一條」交涉結束之後，袁氏突背叛民國搞起「帝制」來，因此惹起全國各界的反帝「護國」熱潮。在此護國運動中，中山再次與以田中義一爲骨幹的日本軍部祕密往還，透過居間的日商九原房之助，先後收受日本接濟達一百四十餘萬元（折合當時美金約七十萬元）[53]。反對袁氏竊國稱帝本是義正辭嚴的盛舉，然接受日本擴張主義的核心——日本軍部別有用心的暗中接濟，那就難免是不擇手段了。

在袁世凱帝制失敗暴卒之後，孫文又捲入一個鬧成南北大分裂的「護法運動」——自此以後，中國就一直維持了南北兩個政府，無法統一以至於今日[54]。

「護法運動」的起因是這樣的。袁氏撤銷帝制繼之以暴卒之後，北京恢復了民國元年老國會，由原副總統黎元洪依憲法繼任大總統。此時適値歐戰正烈，美國由於德國無限制潛艇政策而捲入歐戰，並邀請中國加入協約國對德作戰。

中國是否應該隨同美國參加協約國對德作戰呢？中國學術界、輿論界、國會議員、各政團，乃至大總統黎元洪和國務總理段祺瑞，都發生了意見分歧。分歧的焦點，有的是出於意識形態，有的是由於政治利害，也有少數人是以國家利益爲出發點，或以之爲藉口。這種爭論在民間的問題不大，在國會裡也不太嚴重，但是鬧成大總統和國務總理之間的「府院之爭」，問題就不易解決了[55]。

黎元洪是依憲法當選的副總統，遞補爲大總統。在那個干戈擾攘、法制蕩然的時代，他是沒有太多實際權力作後盾的，而段祺瑞則是北洋軍閥實力派的首領。這個歷史上有名的「府院之爭」的是非曲直，歷史家很難遽下定論[56]。照理說黎元洪既是上級，他對國務總理這位下屬原可依法撤換[57]。但是他忽視了中華民國並不是個法治國家。當國務總理段祺瑞於五月二十三日被「免職」去津之後，擁段的各省督軍不服，乃鬧成各省督軍所組之「督軍團」對黎大總理實行杯葛。黎氏在實力派中本是個孤家寡人[58]，遭此打擊，慌了手腳，乃於六月初邀請時任十三省督軍團團長的安徽督軍張勳入京「調停」。張勳應命於一九一七年六月十四日率其「辮兵」入京。張勳是留著長辮，有「磕響頭」癖好的帝制派人物。其意不在調停「府院之爭」，卻在六月下旬搞了一幕「宣統復辟」的鬧劇[59]。誰知這個有兩千多年歷史的帝王專制，在此時中國人民心目中已毫無留戀餘地——「張勳復辟」引起了全國有發言權的各種實力派的反對。在這「反對復辟」的洪流之上，已下野的國務總理，曾在北洋武人中有首倡共和之功的段祺瑞乃再度成爲弄潮兒。他於七月初率軍西上，搞出個剿滅張勳、二度廢帝、再造共和[60]的「馬廠誓師」來。

段氏既認爲有再造共和之功，則中華民國與其法統應均已中斷，國會亦早被張勳解散。段氏要再選法統，乃宣布舊國會已不復存在，應予廢除，並與梁啓超等合作組織「臨時參議院」，成立新政府。

舊國會之廢除，意味著對建立民國有功的「八百羅漢」之失業[61]。少數議員固可由不同關係重返政府，而大多數有國民黨黨籍或意存反段的議員，則難免由於失位失業而想依附於南方反段實力派來從事反段運動。段氏北洋實力派——逐漸由袁氏餘衆中形成的所謂「皖系」——亦以南方軍閥反對中央，搞分裂活動，要加以整頓。這樣便搞出個各實力派各爲其利，而以法統爲旗號的「護法運動」來[62]。

這一場護法運動的南北內戰，南方比較站在下風。第一，他們（如陸榮廷、唐繼堯等）在中國政壇上本是割據自雄的地方軍閥，原無藉藉之名；第二，他們彼此之間也互不相讓，群龍無首，引不起國人的尊敬。這一下，乃予久居滬上著書而靜極思動的前臨時大總統孫文以可乘之機。

孫氏原對南北軍閥同表其憎惡。但孫氏南人，且南方軍閥如唐繼堯、李根源等又多曾籍隸國民黨[63]，與孫氏本有黨誼。由孫氏出面領導南方實力派，自是順理成章的事。

不幸政治是現實的，歷史聲望成分不大，搞中國政治要東山再起，得有地盤、有錢、有兵。就在這無兵無權之時，誰知天外飛來財源；中山忽然無中生有發了一筆兩百萬元的橫財。

事緣當府、院之間爲對德宣戰問題鬧得不可開交之時，孫文則站在「反參戰」這一方而反段。其動機可能是出於愛國之善意——恐實力派藉口參戰，向列強借款自肥——誰知歐戰雙方卻都在背後努力，各爲私利以援助「參」、「反」兩派[64]。孫氏既然反參戰，則協約國對方的德意志和奧地利乃不惜以重資（也可說是「賄賂」吧）援助孫氏，搞反參戰。德國政府於是運用國民黨分子、孫氏親信的留德學生曹伯亞，私下賄賂了孫氏兩百萬銀元[65]。兩百萬銀元在民初可是筆鉅款！

孫氏得此祕密賄金，乃如魚得水，重入政壇。在此之前，孫蟄居滬上，無尺寸之土，無一刃之兵；舊有革命同志或散居各地，或投機販賣股票[66]，作個人生計。原來擁孫之政客武人，對此失勢元老早已失去興趣。但是孫氏頓成巨富，則一切均因之改變矣。

第一，那批失業失職的「老國會議員」，原是一批足資號召的政治力量，如今孫氏可資遣其南下，「恢復國會」以抗段。

第二，北洋軍閥一向歧視海軍，因海軍在內戰戰局中作用不大。同時海軍多係南人和國民黨，與北洋軍閥本來格格不入，常遭扣餉扣費，積憤已久。孫氏今日一擲百萬，彼此又有舊誼，程璧光所率之海軍第一艦隊乃於孫氏撥以鉅款後，願隨孫公南下「護法」[67]。

有金錢、有「法統」、有武力，孫氏遂浩浩然南下廣州，割據自立。然搞法統的國會人數不足，乃只好組織個「非常國會」和「中華民國軍政府」，舉孫氏爲大元帥，開府廣州，以與北京政府分爭帝國主義唾餘之「關餘」[68]，同時亦與北京政府作法統之爭——對列強自稱爲中國之唯一合法政府，要求列強承認。此一南北兩個實力派政府之對立，孫氏實是始作俑者。此一國家分裂之局面，迄今未已[69]，讀史者能不慨然！孰是孰非，公正的歷史家實難下筆，今但言其事實而已。

有主題，無方法

但是我們寫歷史的人在七十年後回看這段民國初年的史實，有數種現象蓋可肯定：第一，民國初年的中國絕無搞議會政治的可能性。孫、袁二人都主張寡頭政治。孫之「軍政」主張，在理論上是暫時的。將來他的黨會對人民「訓政」，然後主動地「還政於民」，實行「憲政」。爲著實行「軍政」，孫氏是不擇手段的獨裁專制，甚至喪權辱國亦在所不惜。孫氏之所謂「軍政」，事實上和段祺瑞的「武力統一」政策是一個銅元的兩面；和後來毛澤東「槍桿出政權」的政策也並無二致。只是他們都抓不到這「主題」，而未找到解決這主題的正當的現代化方法而已。孫氏不擇手段之餘，也只是把自己的政治地位降低到一個與衆無異的地方軍頭而已⑦⓪。

第二，袁世凱想做皇帝，實際上是和孫氏一樣要搞個寡頭政治。他的「從龍之士」如楊度等六君子，也都是學識兼優的老革命黨員。他們和孫公的看法是一樣的，認爲議會政治在當時並不切實際。他們主張帝制，亦何嘗不想搞出個「英國模式」的君主立憲來⑦①。可是他們忘記了康、梁覆轍的教訓，搞錯了方法，以致成爲歷史上的笑柄；而最倒楣的要算美國那個書呆子古德諾，他的一番善意、兩件條陳不特全被歪曲，他個人在美的政治前途也全付諸東流，在學術界亦幾乎身敗名裂，令讀史者爲之嘆息⑦②。

前已言之，孫文在一九一三年搞了個淸黨運動之後，已變成個當時中國政壇上的寡頭政客，與衆不同的是：

1. 他有十餘年之久的革命歷史和位至總統的國內外聲望；
2. 他是個有現代思想和知識的政治領袖；
3. 他有套合乎邏輯、言之成理的「主義」，頗能服人之口，甚至服人之心。
4. 他有個鬆散的，但是畢竟存在的政黨[73]。

但是從實際政治來說，中山卻有極多的弱點。他沒有兵、沒有地盤，更沒有錢。孫中山革了一輩子的命，可是他所忙的只有兩件要事。第一是籌款；籌款的對象是華僑。但雷聲大雨點小，他並沒有籌到多少錢[74]。他加入過地下幫會的「致公堂」，但對這個充滿「老朽昏庸」的幫會卻失望之至[75]。第二是除掉少數烈士型的同志之外，他收買雇傭兵（尤其是護法之役）去替他打仗。而這些雇傭兵如滇、桂、川、湘、粵諸地方武力，其素質之差，遠不如以袁世凱「北洋新軍」爲班底的直、皖、奉諸系[76]。

中山雖無錢無兵，卻心心念念要學段祺瑞來用武力統一中國，參加內戰，並不自量力地大搞其北伐[77]。結果終中山之世，他連個母省廣東也未能統一；由於他的號召而赴粵「就食」的客軍，卻把他的母省故鄉弄得烏煙瘴氣，民不聊生[78]。可是中山對打仗興趣之大，枉顧民命，簡直到了不可想像的程度。當一九一八年廣東督軍莫榮新與之齟齬時，孫氏竟登上軍艦要砲轟督署。那艦長爲了怕傷及平民，不願開砲，孫公大怒，竟親自操砲轟之——這恐怕是民國內戰史上，主帥親自開砲的唯一例子吧！至於傷及多少無辜平民，那就史無明文了。79。

總之，中山在民國初年是個勇於內戰的地方武力。他的主要目標，也和其他主要軍閥段祺瑞、吳佩孚、張作霖等所希冀的「武力統一」初無二致80。大家的目標是一樣的。但自袁世凱死後，各派系打了十幾年的內戰，誰也統一不了誰。小寡頭隨處皆有，而大寡頭卻始終出不來81。其情況從近古史上看，頗似「五代十國」（九〇七～九六〇）；從遠古史上看，則頗似戰國七雄之爭。七雄何以終爲虎狼之秦所統一，便是嬴秦氏找到了一個新的富國強兵的方法。中山打了十來年內戰毫無結果，最後終於從頓悟中發現了一個新方法，這新方法叫做「以俄爲師」82。

蘇聯模式之發現與仿效

「以俄爲師」這口號是孫中山叫出來的。他抓到「武力統一」這個主題，最後也抓到了如何以武力統一的方法。他找出這法則來，雖無緣及身而見其成，他的繼承者蔣介石卻接了下去做。中國共產黨在「江西蘇維埃政權」時代，毛澤東的「槍桿出政權」的法則，在其著作中也講明「蔣介石是我們的老師」[83]。

中華人民共和國成立，是蔣介石背叛了他的老師孫文「以俄爲師」教訓的結果。一九二七年四月十二日以後，蔣就不再以俄爲師了；最後弄出個「獨裁無當，民主無量」的失敗結果[84]。千秋大業，及身而敗，在中國歷史上也是不多見的。

最近三十年來的中外史家，包括我自己，都一直在搜尋中山「以俄爲師」和什麼「三大政策」的本末。從公開史料到中俄祕檔，眞是上窮碧落下黃泉，一定要搞個水落石出。其實這些雞毛蒜皮的小考據，都無關宏旨[85]。

吾人如熟讀中國的《國父全書》和俄國的《列寧選集》，便知從孫氏在一九一三年改組國民黨起，他在思想和方法上已經和列寧大體一致了。在一九一七年之後，列寧一舉而推翻了世界上最大的帝國，並趕走了四圍入侵的帝國主義勢力，孫公不免爲之耳目一新。他所搞的「愼施命令」那一套[86]，正是列寧所搞的「領袖獨裁」、「職業革命家」等教義的精華所在。孫的思想也是列寧的具體而微。兩人思想既屬一體，兩人行爲原可一拍即合[87]。列寧成功之後，孫氏面壁九年，始大徹大悟，乃盡棄所學而學焉——一語破的：以俄爲師。他未竟全功便死了，蔣介石半途而廢，毛澤東則青出於藍[88]。

「以俄爲師」只是個階段

國民黨內有些史家在雞蛋裡找骨頭，說中山「以俄爲師」只是學其「用」而非習其「體」。中山的「軍政」之後，還有更偉大的「訓政」和「憲政」呢！

但是過去六十年的史實告訴我們，孫中山「以俄爲師」的最大目的，是把俄國模式中最有效的方法學來，作逐鹿中原的武力統一之用。統一之後的中國是個什麼模式，孫中山也只是說了一大堆空洞的理論[89]——事實上，國民黨六十年來究竟在什麼時候、什麼地方，「訓」過「政」呢？到目前爲止，國民黨自己還不是在繼續「受訓」嗎？

至於列寧那一套，最有效的也只是「武力統一」。統一後的蘇聯，除了個偉大的軍國主義之外，又搞出些什麼名堂來？列寧所搞的是用暴力破壞了帝俄的封建專制制度。把這制度打碎了，怎樣建造出一個富強康樂、自由平等的社會主義的大國來，列寧並沒有留下藍圖。他的老師馬克思也沒有講個明白。我國古代政治家陳平告訴他的主子劉邦說：「陛下於馬上得之，不能於馬上治之。」馬上得之是破壞的結果；下馬而治之，則要憑一點一滴經驗之累積。智慧與機運並用，不可憑空臆造，奢談什麼什麼主義。

七十年的經驗告訴我們，孫中山的「以俄爲師」也只是個階段；一個「馬上得之」的階段。這個階段的作用是「武力統一」和「槍桿出政權」。這階段一旦從歷史上退去，馬上既不能治之，則下馬而治之，就得找出個新的主題、新的方法才是正確路線[90]。

現階段也應有個主題

一言以蔽之，在中國現代化發展的過程中，孫中山的偉大，便是他抓住了兩個主題，領導了兩個階段。毛遂說：「諸公碌碌，皆因人成事者也。」中國發展至今，因人成事的階段已逐漸過去，在歷史的現階段，我們要找出我們自己的制度來，下馬而治之才好。

註釋

[1] 見本書第一册第一篇。這篇二十六年前所發表之拙作，自覺可修正之處甚多，然「階段性」這一假設，

則個人看法至今未變也。

❷近代革命家，差不多都是一次革命論者，認爲人類所理想之社會，可以一蹴而幾，而不知人類社會之進化是沒有什麼「最後階段」或「最後型態」的。在中國思想界，首先介紹此一概念的便是孫中山。他在「同盟會」的機關報《民報》的發刊辭上，便主張「畢其功於一役」。見《民報》第一號，一九〇五年十月，發行於東京。

❸國民政府於民國二十九年四月一日明令尊稱孫文爲「國父」，見當時政府《公報》及各報章。高蔭祖編《中華民國大事記》（台北，世界書局，一九五七）及劉紹唐編《民國大事日誌》（台北，傳記文學社，一九七三）第一冊，均有記載。稱中山爲國父，早於一九二五年中山逝世時之哀思錄等均已倡之，見伍達光編《孫中山評論集》（廣州，中國國民書局，一九二六年六月再版。初版序言爲一九二五年五月一日）。然多爲「私諡」。政府明令則始於一九四〇年四月一日。

❹筆者遍翻《國父全書》、《孫中山全集》、《選集》、《孫中山先生二十年來手札》一類書籍，孫氏除少數帶有機密性，或是致日友人之函札署名「中山」之外，其他公私文件，悉用「孫文」，滿清及袁世凱對孫公之通緝令，亦用「孫文」。參見《清德宗實錄》第五冊頁三四二九。

❺見吳相湘著《孫逸仙先生傳》（台北，遠東圖書公司，一九八二年版）第一集〈自敍〉，頁一五。

❻見《梁任公年譜長編》（台北，世界書局，一九六二）上册頁一〇三、一四〇；並見前註吳書頁一三七。

❼《團結報》（北京政協發行）一九八五某期亦有短文紀此事。

❽見註❹。

❾見《孫文學說》第五章；參閱《國父全書》（台北，國防研究院印，一九六六）頁一九。

❿見魏源撰《海國圖志》序。

⓫張之洞是魏源之後新派的發言人。他所主張的「體」、「用」（中學為體，西學為用）之說，已不限於西洋之科技矣。

⓬梁啓超認為他和其老師康有為雖同主張「變法維新」，然渠已比其老師托古改制的「今文家」，半譚嗣的西式君憲論又邁進一步。參見張朋園著《梁啓超與清季革命》（台北，中央研究院，近代史研究所專刊之十一，一九六四），第五、六兩章。

⓭孫文提出這口號是在一八九四年，《興中會》創立之時。從魏源到孫文，西化發展，階段分明。

⓮楊衢雲（一八六一～一九〇一）、謝纘泰（一八七二～一九三七）等，於一八九二年三月十三日在香港成立之「輔仁文社」實早於「興中會」二年。後兩會會員以旨趣相同，會員背景相同，於一八九五年二

月在香港合併，會名沿用後者，以其名稱更富政治革命性，而「伯理璽天德」（「總理」或「總經理」）一職，則由楊衢雲擔任，可能因爲楊在香港居住較久，會中友好較多之故。亦有史家認爲兩會合併後之第一任「總理」爲黃咏商，衆說各異，文獻難考。但是他們這批在海外定居的小華僑和留學生政見之一致，則是不爭之議。斯時國內知識界尚無此構想也。

⓯亞當・史密斯完成此書於一七七六年，美國獨立之年也，允爲近代「自由貿易」之始祖，而「自由貿易」者，自由貿易於諸民族國家之間也。

⓰美國獨立前爲「英國殖民地」，今日五十州之北美合衆國爲說英語的多民族國家。

⓱十九世紀末時，諸歐洲民族國家之成長與爭雄，實促成現代歷史上「民族主義」的濫觴時代，尤其是德、義兩國之統一，及其民族英雄腓特烈大帝、俾斯麥、馬志尼、加富爾等之傳奇故事，以及《柏林之圍》、《最後一課》等民族主義小說均膾炙人口，儼然時代精神也。

⓲首受西歐民族主義影響而崛起的「有色人種」當爲日本、孫中山時代之中國、凱末爾時代之土耳其，以及甘地、尼赫魯時代之印度。各種民族主義運動，原是一脈相承的，與後來的社會主義運動，頗有相似之處。

⓳我國史書上以迷信煽動農民暴動的事件，累見不鮮。黃巾、白蓮教皆其著者，但是西洋史上之宗教戰爭

，在中國史上則絕無僅有，有之，洪、楊所領導的「拜上帝會」，則爲唯一的一宗。洪、楊於十九世紀「民族主義」濫觴之時，搞反民族主義的暴動，不識時務，不諳國情，終被撲滅。今日衛道最力的錢穆教授便一再指出，曾、左、李、胡之對洪、楊，非忠於異族也，保衛華夏之「道統」也。見錢穆著《國史大綱》（商務，一九四八年版）頁六三四。

⑳洪、楊極盛時，擁衆數十萬，佔地七、八省，典章文物、文武百官齊備，儼然一朝廷也，而孫中山先生在辛亥前所領導的所謂十次起義，用當前的術語來說，只可說是一種「恐怖主義」，和今日一些阿拉伯團體所搞的反帝國主義運動大同小異。就以他和楊衢雲共同領導的一八九五年廣州起義爲例，他的原計畫只是以二、三十人攻督署，二、三十人攻「旗界」，「任務已完成的隊伍則分頭放火，以壯聲勢」等等。（參見馮自由著《中華民國開國前革命史》及吳相湘著《孫逸仙先生傳》上册頁一二六）。孫公何以要搞這希望甚微而犧牲至大的恐怖主義呢？那就是因爲他堅信，革命黨只要有個立足點，則全國便會聞風響應（參見孫文於一九〇七年致南洋同志籌款信函，《國父全書》頁四〇一及以後諸篇）。後來果然民軍一佔武昌，而各省響應矣，斯「天父天兄」所不能也。

㉑參考柏楊版《資治通鑑》第二册，或司馬光原著卷一《周紀》。

㉒憶三〇年代之初，筆者讀中學時，曾聞一國文老師談北伐故事。他說北伐軍有政治部在街頭貼標語，軍

閥孫傳芳在南京仿行之。渠時為大學生，回憶說：「一看孫傳芳的標語，就知道孫某非垮不可。」十餘年後，筆者竟然也做了中學文史教員，想不到竟發生相同感觸。甚矣，口號之力也。

㉓辛亥革命前之「驅除韃虜」口號，雖甚有力，卻極不公平，葉赫那拉氏，事實上為漢文化中之女主也，與韃虜何干？載湉（光緒）、溥儀（宣統），漢文化皇朝之末代帝王也，也不可以異族視之。所以這一口號，辛亥一過即煙消雲散。漢民族毫無歧視滿族之遺恨。然此一口號有革命功勳，亦列寧所謂「煽動」與「宣傳」有別也。

㉔辛亥之前，原有「共和」與「君憲」之爭。辛亥之後，縱原保皇黨如康、梁亦不再言君憲。共和迨為國人公認之定制。「洪憲六君子」只是不識時務之書生。

㉕參見張朋園《梁啟超與清季革命》第四章。梁原為保皇黨之主將，然戊戌之後，亦倡共和。其終與孫文仳離者，個人因素遠甚於政治信仰也。

㉖孫日新、楊衢雲於一八九五年合作，即已採「美國模式」。二人相爭之伯理璽天德一職位，即為美國名詞，參見註⑭。一九〇四年同盟會在東京成立之時，美國三權分立之形式及精神均至顯明。孫任行政曰「總理」，即伯理璽天德或總經理也。鄧家彥任司法曰「判事長」，汪兆銘任立法曰「議長」，即是仿美國模式。見《革命文獻》（台北，黨史會編，一九五八）第二輯頁二～一〇。吳相湘教授也認為興中

會在檀香山成立時，入盟書所謂「創立合衆政府」，就是以美利堅合衆國作典範。見《孫逸仙先生傳》上册頁一一六。

㉗「國民運動」或譯爲「人民運動」(Populist Movement)爲十九世紀末葉美國資本主義瘋狂發展時期，備受損害之農工大衆之自衛運動。其指導思想始於亨利・喬治。喬治出身於工農階級，未受很多正式教育，憑一己之觀察與經驗，著《進步與貧困》一書（一八七九），提出土地法、單稅法等近乎社會主義的構想，一時風靡。一八九二年乃有工農組織之「人民黨」(People's Party)出現，儼然當時美國之第三大黨，影響於後來美國之政治改革甚巨。至十九世紀末，由於另二大黨亦並採工農政策，加以經濟發展，貧困減少，人民黨乃因黨員漸次爲兩大黨吸收而式微，終至消滅。論者因謂美國之社會主義盛於十九世紀之末季至二十世紀，資本主義改良之後，社會主義已成過時貨矣。

㉘孫中山先生的「平均地權」思想，最先顯然是受亨利・喬治之影響。目的是對付都市經濟急速發展的「炒地皮」商人。中山目擊在五口通商後，上海地價漲出萬倍（見《國父全集》，台北，黨史會編，一九六五，第一册頁一四〇），而倫敦尤過之。筆者按：今日台北、香港、新加坡及北美洲大都市之華裔富商多半爲地產商，據美國新聞界統計，今日華人富商擁貲在美金一千萬以上者，香港一地即達兩千五百人之多，亦泰半爲地產商。孫逸仙——青年華僑也，遍遊海外，爲救國籌款，往往貧無立錐，當身爲同

盟會總理之時，猶不得不在華僑餐館打工，以圖一飽，而接觸之富商巨賈則洋錢亂滾，此觸目驚心之現象，使孫氏深服亨利・喬治之言，而有照價納稅、漲價歸公、土地國有、「外國有種單稅法，最爲可採」等等之言論。（見民國元年六月在廣東之講演，《國父全集》頁四九一～四九二）；「民生主義」之精義亦見乎此。晚年搞「工農政策」、「土地政策」，遂專注於農民的「耕者有其田」，成爲後來中共土改之張本。中山早年之說，與晚年所行，重點顯有不同，他非經濟學家，更非經濟史家，其所倡導的土改政策，具有高度的革命煽動性，而非解決經濟問題的根本辦法。

㉙見《胡漢民自傳》，載《革命文獻》第二輯頁一四；何香凝著〈我的回憶〉，載《回憶與懷念》（北京，北京出版社，一九八二）頁八。

㉚梁啓超便認爲，土地國有政策將使「遊蕩無賴子將利用軍興機會，盡奪富人財產」，而使天下大亂。見張朋園前書頁二四四，引《新民叢報》第七十五號〈開明專制論〉。

㉛一九一一年十月十日的「武昌起義」，事實上是「共進會」發動的，而共進會則是由鬆懈的原同盟會會員（多爲華中各省人）分裂出來的。活動分子多爲當時華中一帶革命運動的成員和骨幹。他們對「驅除韃虜」、「建立民國」都無異議，惟對「平均地權」這一條無認識，亦無信念。所以共進會於一九〇七年在東京成立時，把同盟會誓辭中「平均地權」的順口溜改爲「平均人權」。但是平均人權究是什麼意

思，大家就各就所好了。關於共進會中之爭議，諸家報導甚夥，參見《孫逸仙先生傳》上册頁六六八～六八一。

㉜關於同盟會時期之美國傾向，見註㉖。至於民初之中國政治制度，除直接民選之外，幾乎全部抄襲美國之三權分立制，參見錢端升著《民國政制史》（上海，商務，一九三九）第一章。此地筆者是從學理方面立論的。

㉝胡適先生生前一再對我說，民國初年的政府是實行民主政治的最好模式，那時的參、衆兩院議員都是「了不起的人才」，中國失去這一機會，至爲可惜云云。

㉞民初政黨政治之糟亂，論者多矣，參見李劍農著《中國近代政治史》（上海，商務，一九四七）第十章。

㉟早期史家、報人、小說家之作，如上引李劍農和谷鍾秀（《中華民國開國史》，上海，一九一四）等甚多。知名作家之外，筆者亦嘗對「國民黨」內之反孫議員所形成的「政學系」一派加以分析，載上引《海外論壇》第二卷七、八、九三期，一九六一年八、九月。

㊱美國革命（一七七六～一七八四）和中國辛亥革命（一九一一）之後，雙方理論家都在摸索個新制度。二者之別是前者純從制度本身出發，後者則參以以人改制，對人不對事，如改「總統制」爲「內閣制」

，即其一例。錢端升氏論之彌詳，見上引錢書第一章，及谷書三、四兩編。其癥結則在於所謂議員，只是一群政客官僚，社會上並無所謂「選民」也。這種政客集團爲中國傳統之產品，與現代的「資產階級」也拉不上關係。

㊲見註㉞。

㊳民初之《臨時約法》是針對制袁而擬訂者。唐紹儀爲內閣總理任內，袁尚無廢約法之跡象。迨內閣迭經更換，宋教仁乃公開要求組織「純粹的政黨內閣」以制袁，然而並未言明「政黨」有何選民基礎。如此，所謂「責任內閣」只是一群小寡頭政客之聯合，以挾制大寡頭，其招致大寡頭之反擊，自屬必然。如此類似事件，孫、袁以後之政治史上，屢見不鮮。關於宋教仁的制袁言行，參閱李劍農書第十章及當時報章新聞。

㊴袁世凱後來乾脆背叛民國，搞其帝制，固無論矣；孫氏組織「中華革命黨」，其黨章載明「軍政時期」要以一黨，甚至一魁，獨裁專政。這都是袁、孫二人對民初議會政治破產之反應。雖然孫公在軍政之後，加上個訓政和憲政，但是歷史上，哪一種專政學理（包括「無產階級專政」）之後沒有一個全民一致「自由平等」的遠景呢？在任何專政理論家的筆下，「專政」都是不得已的短暫階段。

㊵部分「中華革命黨」資料散見《革命文獻》第五輯。史實與掌故參見《國父年譜》（台北，黨史會編，

一九六五年增訂本）及上引《國父全書》等著述。

㊶黃、汪、于、李、柏等人，以黨見不同，均未隨中山赴日而各奔東西，此一元老渙散情況，不但使國民黨變質，且在當權派中樞，亦漸見江浙系領導階層之崛起，國民黨發展乃進入另一階段，參見沈亦云（黃郛夫人）著《亦云回憶》（台北，傳記文學社，一九六八）頁八五～九〇；薛君度著、楊愼之譯《黃興與中國革命》（香港，三聯，一九八〇）頁一五〇～一五二。黃郛夫人藏有原檔數百件，筆者據之，曾將其回憶增刪譯爲英文稿八百餘頁，藏哥倫比亞大學。

㊷見註㊵。

㊸見盧梭《民約論》。孫文早期思想頗傾向於西方民主先哲洛克(John Locke, 1632～1704)，盧梭、傑弗遜(Thomas Jefferson, 1743～1826)、林肯(Abraham Lincoln, 1809～1865)等人。一九一三年以後，思想轉變，甚至對盧梭「天賦人權說」於《三民主義》講演中大加詬病；論調無形中與列寧已漸趨一致矣。散見〈民權主義〉講演及《孫文學說》。

㊹吳相湘著《孫逸仙先生傳》上冊第十七章，頗爲孫公辯護，然於眞相敘述甚詳，足資參考。

㊺自「中華革命黨」成立，至孫公逝世之十年中，黨權執於孫氏一人之手，其款項帳目，縱黨中高級幹部亦無所知，與同盟會時代迥異。

㊻參閱李毓澍著《中日二十一條交涉（上）》（台北，中央研究院，近代史研究所專刊十八，一九六六）。

㊼此段爲顧維鈞先生親口告我者，他並說我是他這段故事的「第一個歷史家」聽衆。筆者是五、六〇年代之間，襄贊顧氏撰寫他的《回憶錄》的所謂五位學者之一，一人幹了百分之八十以上的活，也是苦工做得最苦的一位。這段故事，我原用英文寫下，後經中國社會科學院近代史研究所翻譯，由北京中華書局發行，見該回憶錄第一冊第二卷。

㊽見《胡適留學日記》及《胡適口述自傳》（台北，傳記文學社，一九八〇）頁七一。

㊾見註㊶及《孫逸仙先生傳》下冊頁一二四八～一二五一。

㊿當「孫中山先生誕辰一百二十週年學術討論會」於一九八六年秋在翠亨村舉行時，日本學者松本英紀教授的論文〈二十一條問題與孫中山〉中，即指中山當時不惜犧牲足與二十一條相匹敵之中國權益，想「聯日」、「討袁」，並與袁「速戰」。松本君並自戰前日檔中影印了孫文致日本有司小池張造的私函原件。

51見孫文致小池張造函影印本。哥倫比亞大學教授C. Martin Wilbur（華名韋慕庭）於其近著《孫逸仙，沮喪的愛國者》（*SUN YAT-SEN: Frustrated Patriot.* New York: Columbia University Press,

1976)，第四章〈篤馭列強之企圖〉頁七六～一一一及頁三一四～三三四（此書國內有漢文譯本），遍引英、日文史料以闡明孫中山於「二十一條」交涉前後，與日本祕密以國家權益換取日援之嘗試。吳相湘教授亦遍引相同史料爲孫氏辯護，並引彭澤周撰〈檢討中山先生致大隈首相書的眞實性〉（載《大陸雜誌》第六十卷第六期，一九八〇年六月），指此函「僞造之可能性極大」。見《孫逸仙先生傳》下冊頁一二四二。吳先生復指出孫致小池函出讓權益較多，致大隈函在後，而出讓權益反少，所以「大有值得懷疑的」。（同上，頁一二四四）事實上，此處吳教授有筆誤。孫致小池函較致大隈函晚十個月（致大隈函爲一九一四年五月十一日，致小池函則爲一九一五年——即大正四年——三月十四日），吳書誤記致小池函爲一九一四年。

52 筆者另有一篇英文稿，論孫公之「暫時專制」與袁氏之「承繼式的寡頭政治」思想形成之始末，已由李又寧教授於一九八八年印出，見本書德剛自序。

53 斯時日本侵華當道，曾不惜鉅資透過多種管道，四處支援在中國境內之反袁實力派，孫公只是其中之一而已。近年日本及美國史家對此類史料發掘至夥，略見上引韋慕庭前書英文原版頁八四、三二七。

54 自中山於一九一七年九月一日在廣州成立「軍政府」，被選爲「大元帥」之後，中國即未再統一，始終維持兩個法統，以迄於今。第二次國共合作（一九三七～一九四五）抗戰初期之數年，雖較協調，然亦只是貌合而已，實際上，仍是兩個政府同時存在也。

❺❺有關「府院之爭」史料至夥。近著較詳實者，見沈雲龍著《黎元洪傳》（台北，中央研究院近史所出版，一九六三）第十一、十二章。

❺❻黎、段之爭，政治成分、心理因素均甚複雜，是非難言。然撇開當時軍閥官僚私意，以國家利益而論，則參戰爲是。中國在巴黎和會（一九一九）與華盛頓會議（一九二二）所獲實利，足證之也。

❺❼據民國元年《約法》，總統任免下屬之命令，須國務總理副署始能生效。今段氏拒絕副署黎對自己之撤職令，則此撤職令自屬無效。此爲民國元年《約法》對人（袁世凱）不對事之後果。法學家錢端升論之甚詳，見前註❸❷。

❺❽關於府院之爭的風風雨雨，記載最詳盡的爲陶菊隱著《北洋軍閥統治時期史話》（北京，三聯，一九五七）第二冊。

❺❾同上，第二十七～三十章。

❻⓿同上，第三冊頁一九五～二〇〇。

❻❶當年在北京任國會議員的政客，既非由人民投票產生，他們也無選民須對之負責，又沒有任何專制寡頭可以用生死榮辱來控制他們；因此他們的政治活動，分離組合全憑一己之良心及利害來定取捨。於是國

會中派系如毛，各爲私利而傾軋。李劍農教授會製表以示其大略，見氏著《中國近百年政治史》（台北，商務，一九五九；初版於上海，一九四八）下册頁三六七「民初政黨變化圖」。這些議員最喜歡的是萬年國會，最怕的則是解散國會。

62 關於「護法」內戰之詳情，參閱陶菊隱前書第三、四册。

63 參考英文版《民國名人傳》（*Biographical Dictionary of Republican China.* Columbia University Press，1967~1971）各人本傳。此書國內有漢譯本。

64 傳聞德國駐華公使辛慈(Von Hintze)曾設法賄賂段祺瑞，冀其中止「參戰」活動，段曾諷其賄金數目遠不如協約國云。見前引吳相湘書，下册頁一二八六。

65 同上。吳氏前書，下册頁一二八九～一二九一。韋慕庭前書，頁九三、三三〇、三三一。最具權威性的發現，則爲台北中央研究院近代史研究所李國祁教授自戰後德國檔案中，所發掘出來的德國外交官當年的祕密報告。見氏著〈德國檔案中有關中國參加第一次世界大戰的幾項記載〉（中華民國史料研究中心第三十六次學術討論會記錄），載《中國近代史專題研究報告》第四輯（台北，中華民國史料研究中心，一九七四），《中國國民黨建黨八十週年紀念》頁三二七～三四三。最早且最具傳奇性地報導中山收受這項祕款（現金）的情形，則載於馮自由著《革命逸史》（重慶，一九四四）第二集頁五九～六〇。

66 據國民黨元老，亦是上海報界耆宿，終任上海市參議會議長的潘公展先生於五〇年代詳盡告訴我，第一次大戰期間，國民黨領袖戴季陶、蔣介石、陳果夫等均在上海從事股票交易。筆者曾代潘氏撰其片段回憶，亦提及之。見潘公展〈申江二十年報林掌故〉，載《生活》半月刊（紐約，一九五八）九月一日第一二三期。筆者手邊並有一殘卷《蔣委員長傳》（文化勵進社編，上海作新書店出版，一九三九）頁四八，記載民國十年蔣見孫時「卻設法捐助了百萬巨金……總理馬上命部下趕辦軍需給養……」云云。此書長四九〇頁，爲一親蔣鉅著，出版於蔣氏極盛之時，捐「百萬巨金」這一故事從何而來？相傳蔣公亦嘗於第一次大戰期間在上海任股票經紀，獲利至豐云。

67 上引韋慕庭前書根據美國國家檔案局所藏美國駐外領館呈國務院之報告USDS 893.00／2707號，美駐廣州總領事亨茲曼(P.S. Heintzlman）於一九一七年八月六日向國務院報告：據廣東督軍陳炳焜告渠，孫中山在上海祕收德國現款一百五十萬銀元。孫以五十萬給海軍總司令程璧光，使率海軍第一艦隊南下，另三十萬給南下非常國會之議員，餘款由荷蘭銀行與日商台灣銀行滙廣州備用。同書亦引《國父年譜》（台北，黨史會編，一九六五年增訂版）下冊頁六二五（韋書誤爲六七七頁）。一九一七年六月二十三日，孫中山與唐紹儀、岑春煊歡宴程璧光於上海哈同花園。六月二十七日孫乃飭人送交程軍費三十萬元，以爲護法進行之需。此項贈送，國民黨史料無考。《年譜》編者乃取之於莫汝非著《程璧光殉國記》

第三章，以之與《革命逸史》相印證，則該款爲德人所贈蓋已無疑。據德檔，岑春煊其時亦收德款一百萬元，而孫、岑等後來所組之「軍政府」仍對德進入戰爭狀態（九月二十六日）。德國可說賠了夫人又折兵了。在廣州非常國會之議員共九十一人，中山以八十四票當選爲大元帥。

68 當時中國海關爲外人所控制，所收關稅悉用於對列強之賠款。如尚有餘，謂之「關餘」，則爲中國政府當道者爭奪之對象。孫中山既於一九一七年九月成立「軍政府」於廣州，對外自稱爲中國之唯一合法政府，乃派「外長」向海關爭關餘，然多爲英人所拒。見韋著前書頁一八五～一八六。

69 見註54。

70 孫中山先生無疑地是中國近百年史上最令人敬仰的政治領袖。爲國爲民，奮鬥終生，死而後已。筆者此篇所論，只是以行爲與後果爲著眼點，個人動機固不在討論之列也。中山自己說得好：政治是「管理眾人之事」。等到大家都爭著來「管」，而相爭之人又都是些勾心鬥角、私心自用的武人和政客，在這種風雲詭譎的政海波濤裡，「正心誠意」的好好先生是絕對無份的。既是爲著救國救民，也只好不擇手段了。所謂「小德出入可也」。孫公逝世後，他的老友梁啟超對他的評語就值得史家深思之。梁曰：「孫君是一位歷史上大人物，這是無論何人不能不公認的事業（實）。我對於他最佩服的：第一，是意志力堅強，經力（歷）多少風波，始終未嘗挫折。第二，是臨事機警，長於應變。尤其對群眾心理，最善觀察，最善利用。第三，是操守廉潔，最少他自己本身不肯胡亂弄錢，便弄錢也絕不爲個人目的。孫君人物的價值，就在這三件。我對孫君最不滿的一件事是，『爲目的而不擇手段』。在現代這種社會裡頭，不合（會）用手段的人，便悖於『適者生存』的原則；孫君不得已而出此，我們也有相當的原諒。但我以爲孫君所以成功者在此；其所以失敗者，亦未必不在此。我們很可惜的是孫君本來目的沒有實現的機會，他便死去了。」見《孫中山評論集》頁九三。可惜梁氏在孫公死後四年也去世了。他如活到今天，將人比人，恐怕又要與「昨日之我」挑戰了。

71 中國歷史上的領袖人物死後身被惡名的，除秦始皇、魏武帝（曹操）、隋煬帝等少數人之外，恐怕就是袁世凱了。袁氏於一九一六年六月六日暴斃之後，筆者不學，還未讀到過一篇甚或一句史家爲袁氏辯冤之辭。只有顧維鈞先生於其回憶錄中說，袁氏初非大惡，只是知識不夠，爲迷信及家人誤導而背叛民國。治史者作誅心之論，稱所謂「洪憲六君子」爲幫凶，其實他們也可能有感於議會政治不能行於中國而發生失當的反動，其動機未必就是專爲個人利祿打算也。

72 吾友郅玉汝教授曾對古德諾所謂「勸袁稱帝」這段公案有極深之探討，對古氏亦甚不諒。見郅玉汝講〈袁世凱的憲法顧問古德諾〉，載《中國近代史專題研究報告》第七輯（台北，中華民國史料研究中心，一九七七）頁一一三～一六六。筆者亦嘗自美國國務院檔案中覓出古氏給袁氏之條陳原件，讀之深覺古氏被「帝制派」所栽贓。古氏之原意是：一、當時中國實行的是南美洲式的寡頭政治；二、承繼式的寡頭政治至少較非承繼式的寡頭政治爲佳（未及帝制也）；三、當時中國尚不能民選代表，民意代表以政府遴選爲佳，亦即國民黨當年的舊政協與今日大陸之政協方式也。當另論之。

73 正因同盟會時代這一階段政治運動的主題是「驅除韃虜」、「建立民國」，袁世凱既逼清帝退位，又表示擁護民國，因此主題完成，革命再無必要，勁頭頓失，乃造成「非袁不可」的形勢。也是當年國民黨內外所一致公認的形勢，包括中山自己，非張謇、嚴復等少數人之意也。（參見前引李劍農《政治史》上册八、九諸章）事實上，收拾那時的殘局，也只有袁有此安定力。中山連其黨內之紛亂也無法統馭，財政更臨絕境，遑論全國。甚至胡漢民都勸他讓位予袁。但是中山畢竟有個時散時合、新陳代謝的「革命黨」，這個革命黨的政策雖時在變動，而中山由於有百折不撓的個性，故始終保持了中國第一位革命家的地位。於是，在其黨內的地位與日俱增，權力與日俱大。等到「中國國民黨」在俄國布爾什維克支持之下改組時，他竟在黨內享有「最後決定權」。國民黨乃由一個普通政黨轉爲一個獨裁的革命政黨。也就是胡適所說的「甲式政黨」和「乙式政黨」之別了。見楊承彬著《胡適的政治思想》（台北，商務，一九六七）頁一五二。中山由於其不屈不撓的精神，堅信其主義是救國救民的絕對眞理，所以機緣一到，他便東山再起了。

74 據蔣永敬教授估計，辛亥前十次起義，各方捐款總數不過六十二萬港幣（約三十一萬美元）。而鄭憲教授之估計則更低於此數。吳相湘教授則說：「興中會時期，孫先生並沒有得到檀島或美洲地區洪門會員的資助。」（見《孫逸仙先生傳》上冊頁六四五）。又說：「革命黨在華僑社會的中下層階級中具有普遍深厚的基礎。上層華僑對革命的支持，則在辛亥革命成功之時。至外人對革命的援助，並不具重要性。」（同上，頁六四七。吳的話是根據張玉法教授等之研究報告，張現任台北中央研究院近代史研究所所長。吳之綜合報告，見上引孫傳第二篇第十七章。）

75 中山對幫會時有微辭，但指名批評金山致公總堂則為（一九一一年）七月十八日致鄧澤如書。信中有一段說：「金山致公總堂雖係洪門，以反清復明為宗旨，然向多老朽頑錮，向無進取之氣，故嘗與吾黨少年勇進之輩，積不相寧，數月之前猶大反對同盟會之籌款」云云，見鄧澤如珍藏《孫中山先生二十年手札》原跡影印本（一九二七年一月廣州述志公司影印），共四卷，此影印函見首卷。

76 參見上引陶菊隱著前書及拙著《李宗仁回憶錄》第三、四兩編。

77 孫中山和陳炯明之間的矛盾，係孫主張參加北洋軍閥的混戰而率師「北伐」；陳則主張暫在兩廣「保境息民」之後再圖大舉。見李劍農前書下冊頁五六五～五七四，並參閱康白石著《陳炯明傳》（九龍，文藝書屋，一九七八）聯省自治章。康白石為筆者一老友之化名。胡適由於同情陳氏模範省之主張，在北方撰文呼應，稱陳之叛孫爲「革命」而引起擁孫派之大不滿。散見《努力週報》；亦親聞於胡適自述。

78 終中山之世，廣東甚或廣州尚爲孫氏自己招徠之「客軍」所盤據。客軍將領橫征暴斂，從不受孫之約束，孫對之亦無可如何，並見註76。

79 據陶菊隱言，孫公認爲反桂之砲聲一響，省內粵軍便會蜂起驅逐桂系軍閥。孰知粵軍及民團竟無應者。見上引陶書第四冊頁六七～七〇。又見《孫逸仙先生傳》下冊頁一三一〇轉引邵元冲文。

80 此節筆者所論只是「行爲」而未及「動機」。作「誅心之論」，現代史家若依心述事，則自當別論也。

81 在中國傳統政治中，「秦失其鹿，天下共逐之」，往往是諸侯數十人，然後強凌弱，衆暴寡，諸侯漸次減少，終至定於一尊，這是傳統的「分久必合」的程序。此一程序在現代史上更形複雜，因素增多，然大致未脫舊套。

82 「以俄爲師」之孫公名言，首見於一九二四年十月九日致蔣中正函，影印手跡見劉大年主編《孫中山書信手跡選》（北京，文物出版社，一九八六年十月）頁一九三～一九四。其實，孫公於民初尚明言「余乃極端之社會黨，甚欲採亨理·佐治（或譯亨利·喬治）氏之主義施行於中國……。」（見《國父全集》第二冊；吳著孫傳頁一〇五七）亨利·喬治是議會政制下的社會改革家也。孫公捨棄喬治而服膺列寧，實是「二次革命」之後，彼之思想進入另一階段，已與「列寧主義」暗合之故。一旦發現列寧，乃盡棄喬治而學焉。吳稚暉論孫文有言曰：「孫文從不記人過……能說海闊天空的大話；他有勤快、寡怨、服善三長。他惟此三長，就此三長，把他裝扮成一個首領，比檀香木雕著的木頭首領自勝……。」見吳致陳炯明書，引於《陳炯明傳》頁七〇~七四。事實上，列寧亦有此三長，尤其是勤快。余讀《列寧傳》，便覺二人有極多相似之處。二人在學時，同爲聰穎兒童，一班之首。流亡期中，同入「大英博物館」自習。只是列寧對「一黨專政」、「個人獨裁」悟道較早。孫氏誤於林肯與喬治，致被個人獨裁的袁世凱所通緝，於是始大徹大悟，不顧所有老同志之反對而搞其個人獨裁的「中華革命黨」來。列寧當年亦嘗不顧諸老同志之反對而獨行其是。或問列寧黨內政敵，何以全黨不敵一人？該人答曰：「因爲全黨中再沒第二人，一天二十四小時，啥事不幹，專搞革命嘛！」孫中山也正是這樣的。一天二十四小時，數十年如一日，鍥而不舍，金石可鏤，專搞革命，不死不休，終於擊敗所有政敵，成爲「國父」。關於上述列寧故事，參閱英文《列寧傳》(David Shub, *LENIN*・London, New York & Toronto: The New English Library, 1948. p.66.)。

83 當中共紅軍尚在「蘇區」與白軍作戰時期，毛澤東曾對蔣介石一手組成的「強大的中央軍」，甚爲羨慕，他自己也想組成一支強大的紅軍，故有此戲語；然後期《選集》中，此語則被刪除，但是有深度的中共黨史家，當能記憶及之，甚或一索得之。

❽❹此處評蔣之言，余聞之於一位國民黨中常委，可能這也是國民黨高幹們的共同意見。列寧如以中國傳統哲學規範之，或可稱之爲「法家」；蔣在一九二七年之後或可概括之曰「陽儒陰法」，也就變成該中常委所形容的政治領袖了。

❽❺筆者曾參用中西史料檔案，就此一公案於一九五二年在哥倫比亞大學撰一英文「碩士論文」（凡十八章，共二七〇頁）以詳辨析之。

❽❻見中華革命黨總理「誓詞」各影印本。

❽❼見註❽❷。

❽❽「毛澤東思想」無論在思想上、在方法上均爲「列寧主義」的延伸。西方學者每以把馬、列主義引入農村爲毛氏之貢獻，其實工、農同列，列寧實首倡之也。

❽❾讀者之中，或有人認爲筆者此言是對「國父」有點「諷之也」之嫌。其實「孫文學說」和任何學說一樣，除卻一部分有實踐價值的眞理之外，都是空洞的假設。偉大的空話自孔丘、蘇格拉底之後多的是哩！豈只中山。吳稚暉不也說：「孫文能說海闊天空的大話。」中山好友之言，自是可信之評。

❾⓿「以俄爲師」在中國現代化歷史上是個極重要的主題，這一主題在八〇年代已完全失去意義。今日中國之開放政策帶動蘇聯及所有社會主義集團的國家「以華爲師」，後來群起開放變法，便是明證。

＊一九八六年十月二十六日初稿

一九八六年十二月補訂於北美洲

原載於《孫中山和他的時代——孫中山研究國際學術討論會文集》（中國孫中山研究學會編，北京，中華書局出版，一九八九年），中冊，頁一三四八～一三七五。

六、細說辛亥革命

辛亥革命的爆發，至今已整整八十週年了。爲這八秩大慶，海峽兩岸乃至日本和美國的中華史學界，都在紛紛集會研討，並撰文以爲紀念。在我們執筆之前，首先想自問一下，「辛亥革命」這四個字是誰發明的呢？或是誰首先使用的呢？筆者不學，自覺此答案已不可考；至少是爭議很大，姑置不論。且說「辛亥」。辛亥是我國歷史上傳統的「干支紀年」裡，六十年一循環之中的一個年頭。我國歷史自黃帝以降，已有七十八個「辛亥年」。我們這個「辛亥革命」是發生在第七十七個「辛亥年」。這個辛亥，在清朝歷史上是宣統三年；在西方耶穌紀元上，則是一九一一年，所以西方史學家，都把「

辛亥革命」翻譯成「一九一一年之革命」。因而我們今日來撰文討論這個「一九一一年之革命」，首先面對的，便是「定義」的問題了。

辛亥革命的定義與爭議

我們如望文生義，則「辛亥革命」只是一九一一年十月十日武昌起義，到一九一二年元旦孫文就職「中華民國臨時大總統」之間兩個半月的事。這個狹義的用法曾為甚多中西專著所採納，然為本篇所不取。蓋「革命」究與突發的「政變」不同，它是長期醞釀的結果。只見其果，不明其因，是會引起誤解的。至於廣義的用法，似乎就應該包括辛亥革命的背景，和它立竿見影的後果了。——換言之，我們研討「辛亥革命」事實上是包括清末民初，中國革命運動的全部過程。但是這一段最早期的革命運動，又是哪一年起步的呢？這就有點爭議了。

一般的說法，總認為近代中國最早組織的革命團體，便是一八九四年「甲午戰爭」爆發以後，孫中山先生於是年十一月二十四日在檀香山所成立的「興中會」了。一八九四年（清光緒二十年）因此也就是中國近代革命運動的起點。國民黨官書如是說，大陸上的李新教授在其《中華民國史》上，亦作如是說。

這一點實頗有可議，因爲在興中會成立之前，還有楊衢雲烈士和他的一夥同志們在香港所組織的「輔仁文社」。該文社成立於一八九〇年（清光緒十六年；另一說爲一八九二年），比興中會要早四年多。它最早的創立者楊衢雲、謝纘泰、劉燕賓、何星儔等十餘人，其年齡、學歷、社會背景，和他們「推翻滿清」、「創立合衆政府」、選舉「伯理璽天德」(president)等主張，與孫逸仙（中山別號）他們在檀香山的小革命集團，幾乎一模一樣。所以當中山於一八九五年一月返抵香港時，經共同友人如尢列等的撮合——尢列爲文社社員，亦中山好友——這兩個小革命團體，也就一拍即合，搞其聯合組織了。

在這個雙方聯合的新組織裡，他們決定用「興中會」爲會名。因爲「振興中華」這個響噹噹的名字，較之那酸溜溜的「輔仁文社」四個字，要冠冕堂皇多了。——後來孔祥熙等一群山西青年，也在太原組織了一個「興中會」。這個遠在華北的興中會，與孫、楊的興中會毫無關係。據孔祥熙說，他們那時聽說海外有個「興中會」。他們喜歡「振興中華」這個響噹噹的名字，乃把他們自己的小團體取個名字，也叫「興中會」。（

這是筆者早年在哥倫比亞大學校對《孔祥熙回憶錄》時，聽到錄音帶內孔氏親口說的。當時亦有人把孔祥熙的小組織，當成孫中山興中會的「太原分會」，實是誤聽錄音的結果。）

楊衢雲、孫中山等在香港所組織的興中會，事實上除掉名字外，一切皆是「輔仁文社」的延續；會員們也大致都是楊衢雲的班底。因為楊的團體已成立四年有奇；而孫的團體還未滿二月。楊是香港的地頭蛇；孫則是新從夏威夷回來的。雙方強弱之勢是可以想像的。據說他們合併之後，選舉新會長（他們叫「總辦」或「伯理璽天德」）時，曾發生孫、楊之爭。據後來國民黨的官書所載，在同年十月他們預備搞廣州暴動時，孫曾當選「伯理璽天德」或「總辦」。後來「楊既獲大權，遂藉端要挾，而請〔孫〕先生以『伯理璽天德』相讓。鄭士良、陳少白等聞之大憤，極力反對，士良且欲除之。先生以大事未成，首戒內訌，力表謙讓，即以此席讓衢雲……」云云（見《國父年譜》頁六八～六九）。

這段官書頗難說服任何公正的讀者和歷史家。如所敘屬實，那可能不是楊的「藉端要挾」，而是孫的黨羽為擁孫，暗中想搞殺楊的「苦撻打」（coup d'etat），為孫所阻。

官書甚至說楊衢雲排滿抗外的思想，以及他組織「輔仁文社」的叛逆行爲，都是受中山「感召」的結果（見前書頁五〇）。這些似乎都是想像之辭。有人或許要說「輔仁文社」的宗旨是「以友輔仁」；它是個社交團體，而非革命團體。其實辛亥首義時，最活躍的一個組織則是「文學社」。文學社卻是革命團體，而非社會團體。所以名字與實質並不是完全一致的，尤其在地下革命的時期。我們不能望文生義，或以辭害義。

須知楊衢雲開始其革命行動時，孫中山還是個用功的醫科學生。一八九四年中山還親赴天津「上書李鴻章」呢！他「上書」不幸被拒。如果李鴻章英雄識英雄而重用了「孫文」，中山不也就是清政府的「能臣」了嗎？哪還搞什麼「革命」（他們那時叫「造反」）呢？所以在這一階段裡，楊衢雲是否受「先生感召之深」，吾未敢必。而孫在「上書」被拒後走上排滿革命之途，所受楊衢雲的影響，倒是很明顯的。

再者，「興中會」最初在檀香山組織時，其形式和性質也只是個「銀會」。會員每人出「底銀」五元，「股銀」每股十元，購買愈多愈好。目的是「舉辦公家事業」，事業成功，每股「收回本利百元」。該會宗旨，除報國之外，「兼爲股友生財捷徑……比之〔向清朝政府〕捐頂子買翎枝，有去無還，洵隔天壤。且十可報百，萬可圖億，利莫大爲，機不可失也。」（見馮自由著《興中會組織史》及〈香港興中會章程〉第八條）所以在檀香山的「興中會」裡孫逸仙是在暗中籌款造反，而絕大多數「銀會」會員，則是在買「樂透獎」。這個興中銀會的會長也不是孫逸仙而是殷商劉祥。但是孫卻是這銀會首會的得利人——他籌到港幣一萬三千元，外加個「興中會」的組織名義。有了這些本錢之後，中山便匆匆趕回香港向楊衢雲洽商（事實上是bargain）兩會合併的事務了。合併之後，會長一職順理成章自然應該是楊衢雲。是年十月，他們竟然發動了「義兵三千人、洋槍六百桿」外加火輪船二隻的廣州起義。試問中山皮包裡的一萬三千港幣，能買幾枝「洋槍」呢？這些起義的本錢，顯然都是楊衢雲搞起來的。中山半途加入罷了。可惜楊氏早死——一九〇一年一月十日被清吏刺殺於香港，他的事蹟功勳就被埋沒了。所以一部「中國近代革命史」，是應該從楊衢雲開始寫的。

筆者寫這段小辯正，絕無意貶抑中山先生在近代中國的歷史地位。相反的，我們是更上層樓地尊崇他爲我們的民族領袖；民族領袖應有其不偏不倚的民族領袖的地位。因此我們不願採用「黨史家」爲「黨魁」作傳時，視天下無不是之父母的譜牒方法罷了。

得風氣之先的華僑青年

青少年時期的孫中山先生，恕我大膽的說一句，是一位不折不扣的「華僑青年」，甚至如粵人俗語所說的「金山仔」。筆者蝸居紐約四十餘年，在「窮人哈佛」的紐約市立大學從兼課到專任，教書經驗亦有三十餘年。在我課室內進進出出的華僑小青年，亦不下數百千人。我平時總歡喜舉中山先生的故事來勉勵他們。行行出狀元，如今雖做不到大總統和國父，但不斷努力之下，不做「大官」也可做點「大事」嘛！其實我的學生中，卓然有成者，亦爲數頗有可觀。

相反的，我們如以中山先生比諸今日僑生，他老人家其實也是當年的華僑小青年之一而已。賤日豈殊衆、貴來方悟稀。華僑小青年或金山仔有其共同的特點。這些特點也是鑄造後來革命家孫文的社會條件。

大體說來，他們的特點約有數端：

一、工農家庭出身。其父祖伯叔類多貧傭農、苦力工人或小商人。胼手胝足，日常工作都在十二小時以上。他們除舊有的觀念和道德標準之外，平時沒空亦不知如何管敎子女。

二、小華僑們受父兄寵愛，甚至溺愛；類多豐衣足食；至少不愁衣食。佳子弟，頗可上進；惡子弟，則至爲墮落。

三、教育水準，下輩平均都在高中以上，遠超過長輩。——當年老輩華僑多不識字，縱識字也不過稍讀「三百千千」（三字經、百家姓、千字文、千家詩）而已，而下輩則於三百千千之外，有的且精通外語了。

四、以說漢語的「弱勢文化」，在海外對抗西語（英語）的「強勢文化」，老輩多不諳外語，爲自尊自重乃堅拒同化。因此一般老輩華僑，較之國內人民，更爲保守；而講「雙語」的小輩於自卑之餘，則趨向「全盤西化」。所以他們父子之間「代溝」極其嚴重。筆者本人便不時爲學生父子間之衝突，排難解紛。中山先生與他的長兄孫眉，曾一度反目，弄到互找律師的程度，吾知其衝突根源所在也。處於我輩今日，「西化」與「現代化」固截然有別，然在孫公青少年期，則二者固爲同義字也。

五、這老少兩代的華僑對祖國都有極深的感情，甚至流於「沙文主義」。但是他們兩代對祖國的愛法，卻截然不同——老一輩的總希望大清大皇帝多爭點氣，也好爲我輩天朝棄民，出口鳥氣。小一輩的則要驅除韃虜，創立以美國模式爲張本的「共和國」和「合衆政府」，乃至新的社會、新的宗教，和新的道德標準了。

老實說，當年在檀香山的「興中會」和在香港的「輔仁文社」，都是這一類的華僑青年所組織的。孫中山先生（譜名孫帝象，學名孫文、孫德明，字載之；入耶教時，名孫日新；行醫時他的漢文老師區鳳墀爲他作一音之轉改爲孫逸仙，後來變成「美國公民」時，在美國護照上的英文名字則是Sun Yat-sen)當時便是這一類的「華僑青年」之一。他或許由於稟賦較高，幼年時確實「異於群兒」；他也確實是讀書用功，做事有恆，終能「脫穎而出」。但是他青少年期的社會背景是自有其特殊模式；這模式對他有特殊影響的。

這兒更不妨附帶一說。中山那時代的青年華僑，與筆者班上的僑生，亦略有不同。我班上的僑生有「竹升」（或作「竹心」）、「竹節」之別。「竹升」者，美國土生也。老華僑們認爲這類小華僑，「肚子內一無所有」。「竹節」者，唐山出世，幼年來美，「兩頭不通氣」也。

我們通番語的學術界，則叫前者爲ＡＢＣ。ＡＢＣ者，America-born Chinese也。後者則叫CBA。CBA者，China-born Americans也。而中山那時的華僑小青年，幾乎全是CBA而絕少ABC。因爲那時的旅美華僑，生存在最凶殘、最下流無恥的〈排華法案〉(Chinese Exclusion Acts)壓榨之下，中國婦女，除少數妓女之外，旅美者可說是絕無僅有也。

而那些小「竹節」，則由於父親是「美國公民」（母親不是），取得美籍「出生紙」而旅美也。

所以這些小「竹節」絕大多數都能使用中英「雙語」(bi-lingual)。其天資笨拙或不願用功的，往往雙語皆不通;而稟賦卓越，又肯於用功學習的，則每每兩語皆精。孫中山就屬於後一類。而孫逸仙這位小「竹節」之取得「美國公民權」，則通過另一管道。孫公於十三歲時（光緒五年，一八七九）隨母就兄，遷居檀香山。那時的夏威夷是個紅種人的獨立王國。不幸老王於一八九一年晏駕。兄終妹及，夏威夷乃出了個女王。三年之後，也就是中日「甲午戰爭」那一年，女王被英美德裔的白種殖民主義者篡了位，夏威夷乃變成個傀儡共和國。一九〇〇年（庚子），也就是「八國聯軍」侵華的那一年，這個小傀儡共和國就被美國兼併了。

夏威夷既變成了美國殖民地，按美國憲法，則凡是土生的夏威夷人，也通統變成「美國公民」了。我們的國父孫中山先生，並不是在夏威夷「土生」的，但是他卻說了一口夏威夷腔的英語，因而撒了個謊，自稱出生於夏威夷，也就取得了美國公民權，領用美國護照了。可是當他於一九〇四年在三藩市初持檀島出生紙入境時，如狼似虎的美國海關檢員對他發生了懷疑（另說是保皇黨告密），乃把他拘留於「木屋」。所幸年前中山已入「洪幫」，有「致公堂」堂籍，乃由該堂出美金五百元保釋候審；並僱請律師向華府申訴。這場官司美國移民局居然打輸了，中山乃得以美國公民身分重入國境。這個「美國公民權」對中山其後的革命活動，提供了極大的方便。

有的讀者們讀史至此，可能要批評：我們的「國父」，族之聖賢也；豈可弄虛作假，非法取得美國公民權？讀者若作如是想，就昧於史實了。須知在那人類文明中最可恥的美國〈排華法案〉欺壓之下，我輩華裔移民在當時美國種族主義者的「法律」分類中，是比「黑人」與「印第安人」都還要低一等。印第安紅人在那時的美國法律之下，不算是「人類」的。因此「華人」（Chinaman)在當時更是非人類中的非人類了。中山先生爲非作假嗎？朋友，你能和當時排華殺人的種族主義者這批野獸，談孔孟之道嗎？明乎此，你就瞭解孫中山先生何以如此做了。再者，中山的做法並不是他發明的。「美籍出生紙」在華僑社會裡，是有其公開市場和價格的。

所以近代中國最早期的革命運動，便是有上述特徵的華僑小青年們所推動的。他們都是愛國華僑，寄跡異邦、粗通番語，因此得風氣之先，對現代西方的新觀念、新事物，接觸較早——比內地的知青如黃興、宋教仁、胡漢民、汪精衛……等，大致要早十年。由於這早晚兩期的革命骨幹的家庭、教育和一般社會背景都截然不同，它也標誌出近代中國革命運動顯明的階段性：「興中會」基本上是個華僑組織；後來的「同盟會」，就帶有濃厚的士大夫氣息了。

孫文脫穎而出

筆者在許多篇拙著裡，都曾強調過中國現代化運動的「階段性」；而這些大小階段的進化，往往又是以十年為一個單元。「革命」原是我國「現代化」運動的方式之一，因此它也逃不過這個「十年一變」的基本公式。以楊衢雲、孫文為首的兩個革命小團體，自從一八九五年一月合併為「興中會」以後，至一九○五年八月「中國同盟會」在東京成立，也正是整整的十年。在這短短的十年之間，革命運動在中國卻發生了極大的變化。

現在讓我們先翻翻「興中會」的老帳。看看這個最早的革命團體怎樣地從生到死；和中山本人卻又如何地脫穎而出，從初級階段進入高級階段。

興中會在革命理論上和行動上，都是有欠成熟的。要言之，他們在政治理論和形式上是完全抄襲美國。甚至連美國佬做官就職時，捧著《聖經》舉手發誓那一套洋皮毛，也照搬無訛。這原是一個「弱勢文化」在一個「強勢文化」的籠罩之下，反應在青年身上，「東施效顰」的普遍現象。華僑青年如此，僑居歐美的亞非拉各國的青年，亦無不如此。可是在十九世紀這個「華僑青年」的小圈圈，實在太小了。因此在那個時代與他們有「共同語言」(common language)和「共同信仰」(common faith)的海內外華人究竟太少了。他們沒有代表性，也就搞不出什麼氣候來。

再者，他們所採取的革命行動，卻又是百分之百的傳統「造反」方式；有時甚至是「恐怖主義」(terrorism)。例如孫中山在他所策畫的「十大起義」中第一次的「廣州起義」（一八九五年十月二十六日），中山自己的計畫，便是在武裝攻打督署之外，「四處放火」、「施放炸彈、以壯聲勢」。而他們那時的革命群衆則全靠「會黨」。會黨雖是從反清復明開始的，但發展至清末已經變了質；甚至變成橫行「地下」的黑社會，爲正當人士所不取，而興中會諸公卻以他們爲主力，因此就沒有眞正的革命群衆和「倚靠階級」了（恕我借用一個共產黨名詞）。事隔五年，當清廷爲「八國聯軍」所困之時，興中會諸公再來個「惠州起義」，結果損兵折將，一敗塗地。經過兩次武裝起義的失敗，興中會和它的會黨朋友們也就洩氣了。——最後興中會竟消沉到只剩孫逸仙一個獨人班了。

可是就在興中會這個革命汽球逐漸洩氣之時，孫中山本人的聲望、理論、經驗和時機卻扶搖直上，終使他成爲近代中國史上，首屈一指的革命領袖。

原來楊、孫二人自一八九五年十月在廣州（第一次）起義失敗之後，清廷發出通緝，香港英國當局也迫令二人離港，五年之內不許入境。楊衢雲乃潛往新加坡，轉赴南非避難。孫中山則於十一月初旬避往日本。當他於十一月十二日在神戶登陸時，閱報才發現自己已成爲支那的「革命黨」。經日本報紙這一宣傳，不特「孫文」已躋身爲國際人物，中國近代史上也多出了「革命黨」這一辭彙。

中山在日本略事勾留，便剪掉辮子、改穿西服。於翌年一月東渡檀香山。這時中山除母兄之外，他的妻子盧氏、長子孫科（五歲）、長女金琰（一歲），均已避難在檀。所以這位年方三十的孫逸仙，實在是個不折不扣的「華僑青年」。他雖然是個職業醫生，卻不事家人生產。老婆孩子還要靠一度與他反目的長兄孫眉來養活。他兄弟二人此時如何相處？我們就不能輕信官書上的描述了。

可是孫中山是個最有毅力、最倔強的人。他在檀香山住了幾個月之後，便拋妻撇子，跑到美國去了。這時美國的排華運動已到了瘋狂的程度。中山之所以能安抵大陸，所用的證件，顯然就是他的「夏威夷出生紙」。中山遊美的目的，自然是想籌款和組織興中會。但是在這方面他卻完全失望。因爲此時革命風氣未開，而僑社中的主宰團體的「致公堂」又十分「頑錮」（這是中山自己的話）。至於中山在美何以爲生？我想他那時也和我們後來的留學生一樣：「手舞銀盤去復回，老子今朝作企枱。」他在餐館或洗衣店「打工」。——我們已查到中山當年在美國打工的人證。

一八九六年夏秋之間，孫公在美國待了幾個月。九月下旬他就從紐約搭船到英國去了。他去英國的目的，顯然繞道歐洲回遠東去。因爲他的根據地畢竟還是在香港、日本一帶。那兒有他大批的夥伴和同志。他有推翻滿清的堅定的決心。在那兒他可再次組織暴動和起義。可是他絕未想到在倫敦卻突然被清廷駐英使館所綁架。這一齣歷時兩週（十月十一日至二十三日），發生在倫敦的「西安事變」，卻幫了中山一個大忙——孫文在國際上原無籍籍之名，可是這次聞名世界的「綁架案」，卻使他從一個大清帝國的逋逃犯，一躍而爲世界一級的革命家和政治家。自此以後，中國革命陣營中再沒有第二個領袖，享有與中山相埒的聲譽和地位。

「三民主義」的根源

再者，他環繞地球的不斷旅行、觀察和閱讀書報，也使他對發生在中國的問題，有更深入、更廣闊的理解。他掌握了加富爾(Count Di Cavour, 1810~1861)、加里波的(Giuseppe Garibaldi, 1807~1882)和俾斯麥(Otto von Bismarck, 1815~1898)的現代「民族主義」（有別於我國傳統的華夷之辨）；寄居英倫，他也更深的體驗了英語民族三權分立、司法獨立的「代議政府」的運作；更明白了資本主義社會異化分裂的毛病，而嚮往於當時正在美國風起雲湧的「國民運動」(Populist Movement)，尤其是這一運動的理論導師亨利・喬治(Henry George, 1839～1897)的「單稅法」(Single Tax System)的精髓。特別是對土地的「無勞增值」(unearned increment)和「漲價歸公」諸要點。好學深思的孫中山先生，在融會貫通之後，把它們有條理的編纂起來，這就是他後來指導「國民革命」的政治理論的「三民主義」了。雖然這三個「主義」，都是當時在西歐北美，甚囂塵上的政治經濟理論，沒一個是他具有原始性的發明，但是孫公能實際深入西方社會，耳濡目染，採自源泉，然後活學而活用之；較之與他同時或後輩之熱衷「西學」，奢談「主義」，而一知半解的夫子們、領袖們，那就高明得不可以道里計了。在那些多半是「不知不覺」的青年信徒的眼光中，則「總理」、「國父」，就更是「先知先覺」的天生聖哲了。

石不轉而江自流的中國知識階層

孫中山在「倫敦蒙難」之後，應出版界之請，寫了一本名利雙收的小書，暢銷一時，足使他在倫敦住了九個月，不虞匱乏。他於一八九七年七月初離英赴加拿大。再穿過加拿大至溫哥華，搭船於八月中旬抵日本橫濱，投宿於老友陳少白寓所。中山於一八九五年冬路過日本時，只是個薄有微名的中國逋逃犯。兩年後「蒙難」歸來，他已成為國際知名之士。他的日漸上漲的「知名度」，因此吸引了日本人的注意。首先慕名來訪，嗣後成為中山終身密友的便是宮崎寅藏和平山周二人了。他二人都是當時日本政黨政治中的活躍人物。通過宮崎和平山，中山又結織一些頭面人物，如犬養毅、大隈重信、頭山滿、尾崎行雄、副島種臣、久原房之助、山田良政、萱野長知等數十人。日友平山周在無意中為他又取個日本名字曰「中山」。孫公自己在「中山」二字之下加個「樵」字。其後便偶用「中山樵」作為他的日文「化名」。後來在同盟會時代，黃興、胡漢民等對外界通信，都尊稱孫總理為「中山先生」，結果弄假成眞，全國上下都叫起「孫中山」來，眞的名字反而不用了。其實孫公從發命令到簽遺囑，一直都只用「孫文」二字；他在公文上函札上，向未用過「中山」的諱號，而國民政府的官書，和國民黨的傳記作者，卻偏喜叫他「孫中山」，實在是很滑稽的事。

中山此次訪日，來結交他的日本人蓋有兩大類。其一是英雄崇拜、慕名而來，如宮崎寅藏、山田良政等人。另一類則是別有居心的政客和幫會頭頭了，如犬養毅、大隈重信、頭山滿等人。在他們的想像之中，孫文是滿清政府的死敵，而敵人的敵人便是朋友。這「朋友」在對清政策中，可能是個有用之材也。

中山的知名度在日本也吸引了一些好奇的中國留學生，像鈕永建和馬君武等人。兩年之後，康、梁所領導的「戊戌政變」（一八九八）失敗了。梁啓超跑到日本，由於同鄉的關係（大家都說廣東話），孫、梁一時頗爲接近。而梁氏的眞正意圖，是國內既然搞不下去了，他們這批「保皇」分子，要到海外來打入華僑社團，搶奪孫文的地盤。私人的友誼，實在是無從說起的。

至於在中國眞正翹尾巴的知識分子、士大夫，對孫文這個幫會頭目，這時還是敬鬼神而遠之，瞧不起他的。吳敬恆（稚暉）就是個最好的例子，而章炳麟（太炎）卻是個例外。

在「八國聯軍」（一九〇〇）之後的一兩年間，孫中山和比他長一歲的吳敬恆（一八六五～一九五三）俱住東瀛。吳那時是中國留日學生中聲名赫赫的名「舉人」。中山慕吳之名倒頗有意高攀一下，而吳稚暉此時卻是個尾巴翹得比天還高的，「一舉成名」的士大夫、臭老九。他才瞧不起這「綠眉毛、紅眼睛」的黑社會頭頭呢！竟然不要見他。吳舉人尚且如此倨傲，中山那時如想謁見比他小兩歲的蔡元培進士（一八六八～一九四〇），恐怕也不能如願，可是這時已文名滿全國的章炳麟（一八六九～一九三六）倒頗看中孫文，二人時有往還，斯爲中山結交中國士大夫之始，不幸二人後來竟反目成仇。

可是中國現代化運動的進度是快速的，爲時不過三數年，河東就變成河西了。蓋庚子拳變之後，尤其是「日俄戰爭」（一九〇四～一九〇五）前後，清政府和中國士大夫階層，也追隨上述「華僑青年」之後，體會到傳統老套搞不下去了，非興「西學」，搞革命或維新，無以自強。西學西語一時頓成顯學，老輩不再歧視、小輩則趨之若鶩。因此留日留歐的公自費留學生乃成群出國，勢如潮湧。「日俄戰爭」期間，東京一地的中國留學生，便多到兩萬人。歐美兩洲亦各有百數十人。

這時吳稚暉舉人亦以《蘇報》案牽連，做了政治犯，逋逃倫敦。比中山晚出十餘年，他也「始見輪舟之奇，滄海之闊，自是有慕西學之心，窮天地之想。」（語見中山先生於一八九六年「倫敦蒙難」後之自述）。再看所居之地，物品之盛，習俗之醇，「不圖三代之治，見於今日」（這是清廷首任駐英公使郭嵩燾對英倫的印象）。吳舉人傻眼了。以他那四十之年，無錫之腔，霜晨月夕，還在大啃其初級英語abc拼音，稚老眞要跳樓了。這樣也才開始認識孫文並不是「綠眉毛、紅眼睛」的江洋大盜；相反的，孫文卻是個眉清目秀、溫文儒雅，語通英漢、學貫中西的大博士、洋翰林，世界一級的政治家和革命領袖。以一個無錫的土舉人和孫公相比，眞是丘陵之與泰山也。所以吳稚暉就要把所有「線裝書都丟到茅坑裡去」，盡棄所學而學焉。因此他在倫敦第一次見到中山之後，傲氣全消；搞了一陣無政府主義之後，終於做個誠懇的孫文主義信徒而五十年不渝也。

四十歲的吳舉人尚且如此，二十上下的革命小青年和留學生，就不用說了。「江流石不轉」，孫中山未變也。可是潮流變了。中國現代化運動已進入另一階段。孫公的歷史任務也就進入了一個新階段——那個「同盟會」的階段了。

*原載於台北《傳記文學》第五十九卷第五期

七、同盟會是個革命大拼盤

可是就在同盟會成立前兩年（一九〇三），中山在日本還只是個灰溜溜的會黨頭目。他顯然自覺在日本久住無聊，乃於是年九月底離日赴檀香山。但是斯時中山潦倒到資斧全無，由僑商黃宗仰慨贈銀洋二百元，始能成行。

中山此次一別八年重返檀島，再轉美洲大陸的道理，顯然是他在遠東兩次「起義」（一八九五與一九〇〇）之後，一籌莫展，想回到美洲，另覓機緣。中山先生這個人的長處是信仰堅定、百折不撓。必要時破釜沉舟，爲著遠大目標，不擇手段，亦在所不惜——這就是不拘小節的英雄本色。寫歷史的人如把他老人家看成個循規蹈矩的聖賢或迂夫子，就大錯特錯了。他此次回檀島，發現他早年的小團體早已風流雲散。檀香山已成了保皇黨的天下。他的家這時還在檀香山，但是家人對他的態度，可能也是「妻不下織，嫂不爲炊」了——這位滿口大話，不事家人生產的「老二」，他們怎能相信他後來竟佩「六國相印」呢？一不做、二不休，中山乃於一九〇四年初加入「洪幫」（致公堂）當了「洪棍」。洪門的義氣居然幫助他穿過美國移民局的拘留所，而二次進入美國。

中山於一九〇四年三月底抵美，在美一直住到是年冬季才應中國旅歐學生之約去歐洲。他在美國由西岸到東岸，跑了大半年。其目的無非是組織「興中會」，並籌募革命經費。顯然的他是一文未籌到。正式加盟願意和他一道革命的，據最可靠的第一手史料——馮自由著《革命逸史》——所載，也只找到鄺華泰一人。兩個人，革什麼命呢？眞是可嘆。因此在一九〇四年風雪交加的嚴冬，中山形單影隻地住在紐約市貧民窟中的一間單人房(rooming house)，眞是四壁蕭然。雖然他個性倔強，永遠不認輸！

可是就在中山命運的最低潮，「山重水複疑無路」之時，眞的「柳暗花明又一村」！——他忽然收到中國旅歐學生滙來一筆鉅款，據說有八千佛郎（亦譯「法郎」）之多，並約他即時赴歐，共商救國大計。這一下峰迴路轉，中山乃至整個中華民族的命運，又進入一個新紀元。

大清帝國「牆倒衆人推」

旅歐中國學生何以忽然心血來潮，滙款邀請中山呢？原來就在中山這段不得意的時期，革命意識和時機卻在中國大陸迅速上漲。在喪權辱國的中日〈馬關條約〉於一八九五年四月簽訂之後，全國上下還寄望於康有爲、梁啓超所發動的「強學會」和「變法維新」。孰知一八九八年「戊戌變法」徹底的失敗了。失敗之餘，大清帝國也就在這一年（光緒二十四年・戊戌，一八九八年）幾乎遭了瓜分之禍。筆者曾另有專篇紀其大略。別的不談了，就說香港吧！九龍就是在這一年被英國強迫的「租借」了九十九年。——時至一九九七，租約期滿，女皇陛下就要按期歸還了。也就是這一年，德國強佔了膠州灣；它的老搭檔帝俄也「租借」了旅順、大連。爲阻止此二強壟斷中國東海岸，英國又加租了威海衛。法國不甘後人，一下也就霸佔了廣州灣。大小帝國主義這時在中國都大搞其「勢力範圍」；要不是列強的野心爲「均勢」(balance of power)所阻，他們早就把「東亞病夫」這個大清帝國瓜分了——那個不幸的「歐洲病夫」鄂圖曼大帝國就是被他們這樣啃掉的。時至今日那個不自量力的伊拉克小獨裁海珊，還想「收復失地」——併吞同文同種的科威特，哪裡由得他呢？

在一八九八年大清帝國已危如累卵，瓜分之禍，迫在眉睫；可是我們那個昏聵糊塗的慈禧老太后，竟然異想天開地搞出一套「刀槍不入」的「義和拳」，來「扶清滅洋」；那就荒唐透頂了。作者落筆至此，何敢冒犯那品質高貴、大義凜然的貧下中農所組織的「義和拳」？我所可惜的只是他們氣功未練好，惹起了「八國聯軍」，又抵擋不了洋人的刀槍直入。在〈辛丑條約〉中累得我們四萬萬無辜老百姓，每人各賠紋銀一兩罷了。——那時我祖父家中，男女老幼也有十多口；所以我家大致也賠了十多兩銀子。因此在下寫這段歷史，也大有可抱怨的權利。

拳變剛了，又爆發了兩大強鄰的「日俄戰爭」（一九〇四～一九〇五）。這兩個混帳的帝國主義竟然爲搶奪我中國的土地財寶，在我國境之內，開起火來。而更混帳顢頇的，卻是我們的滿清政府。它無力阻止兩個強鄰在我國土上作戰，竟然公開地把遼河以東的土地，劃爲「戰區」，而自己在遼河西岸，宣佈「中立」。

朋友，這時的中國哪裡還配稱爲「國家」呢？我們連殖民地都不如。一般的「殖民地」都還有個殖民國來保護它。我們這個「次殖民地」（中山警語）就只好作俎上之肉，任人宰割了。但是有時有若干知識分子對大清政府發點牢騷和警告，而那批滿族統治者，竟能把臉一抹說，大清政權維持不下去時，則「寧贈友邦，不畀家奴」。這種話哪是人類嘴裡說出的呢？

賢明的讀者，你我如果也是那時的中國人，你我作何感想呢？

所以中國內憂外患，發展到日俄戰爭前後，已變成所有有良知良能和最起碼知識水平的中國人的切膚之痛、燃眉之急。認識它的嚴重性，已不限於「得風氣之先」的身居海外的青年華僑了。因此就在這一兩年之內，國內救亡團體之組織乃風起雲湧。少數愛國者甚至不惜採取犧牲個人的行動，以暗殺滿清當道。一九〇五年九月二十四日吳樾烈士（一八七八～一九〇五）在北京車站謀炸「出洋五大臣」未遂而慘烈殉難，便是個突出的例子。這種恐怖主義雖無補於大局，但是它既表示出民憤之深；也炸得清吏膽寒。辛亥革命時，我們安徽第一大碼頭蕪湖，就是被兩顆「鹹鴨蛋」光復的。老鄉吳樾導夫先路之功也。

這時長江流域的革命小團體之建立亦如雨後春筍。一般性的民變和小規模的組織擻開不談，那兩個最有影響的「華興會」和「光復會」，也就在這兩年成立的。「華興會」是黃興、劉揆一、宋教仁、吳祿貞、張繼等於光緒二十九年除夕（一九〇四年二月十五日；一說一九〇三年十一月四日）在長沙成立的，以湖南青年為主體。「光復會」則是一九〇四年秋成立於上海。蔡元培當選會長。成員有徐錫麟、秋瑾、章炳麟、陶成章等人。以蘇浙皖三省青年為主體。與兩會同時，一批湖北青年也在武昌的湖北陸軍之內，組織了一個「科學補習所」（一九〇四年五月成立）。社員中有曹亞伯、張難先等，後來也都是革命陣營中的骨幹。一眼看來這些革命小團體，似乎是各地區青年分別組織的。其實不然。他們彼此之間乃至他們與「留日」、「留歐」、「留美」等學生團體的「海外關係」不但聲氣相通，會員之間更有千絲萬縷，剪不斷、理還亂的錯綜複雜的往還。其中最重要的一點則是他們的宗旨、目標和方法，實在是完全一致的。至於武昌起義的前夕，更有一些新的小團體出現如「共進會」、「日知會」、「文學社」等等，其實都是上述這些小組織的駢枝機構。只是搞小圈圈，原是中國知識分子的通性。君不見紐約市愛好「國劇」的「票友」們，他們唱的都是些完全相同的《武家坡》、《春秋配》一類的戲目，但是他們卻組織了五、六家不同的「票房」，結果沒一家可以單獨「上台」唱戲的。要「宣揚國粹」，還得彼此「挖角」和「借角」。人們或問：諸公諸婆爲什麼不聯合起來呢？朋友，要能聯合起來，豈不變成德國人和日本人了？那還是什麼中國人呢？

長話短說，時至二十世紀初年，大清帝國害了癌症，氣數已盡，非垮不可了。「牆倒衆人推」！衆人推的方向是完全一致的；方法也完全相同。只是你推你的、我推我的罷了——這便是滿清末年，中國革命運動的形勢和性質。

驅逐滿人，建立民國，以美國爲模範

再問一句：這些革命團體和革命單幹戶的共同方向、共同方法，又在哪裡呢？要言之，則以一九〇三年出版的暢銷書，鄒容烈士所寫的《革命軍》，最有代表性。我們這位死年才二十二歲的「鄒大將軍」主張：「推倒滿洲人所立北京之野蠻政府」；「驅逐居住中國之滿洲人」；「誅殺滿洲人所立之皇帝」；「建立中華共和國」——這個「共和國」還要「以美國爲模範」。如此而已。——這幾條簡單的口號實在是辛亥之前，大清帝國之內，從朝到野、從男到女、從老到少、從農村到都市、從國內青年到留日、留歐、留美的學生，乃至絕大多數華僑，一致的呼聲。他們的方法則是組織革命團體，活動新軍，聯合會黨……「他們的精神，幹幹幹，他們的武器，手槍炸彈……」。

可是把這個全國統一的意志(national consensus)，簡單的概念化(conceptualize)一下，還不是孫文那兩句老口號：「驅除韃虜，建立民國。」這個口號，孫文和楊衢雲在十年前不早就叫過了？那時無人理睬，現在卻變成全國人民的共同意志。這一下不得了，孫文就變成全國共同意志的發言人，將來中國的形象，和意蒂牢結中的「先知」(prophet)了。大家想到了他，敏感的青年留學生就要扳請他出來現身說法，甚至實際領導了。這樣一來，就使得我們的國父中山先生從美洲的灰溜溜，變成歐洲的香餑餑了。

佛郎、馬克如雪片飛來

首先滙了八千佛郎把中山請到歐洲去的，是一群湖北籍的留歐學生朱和中、賀之才、胡秉珂、魏宸組等人。朱、賀等湖北青年原來也是武昌城內滿口新政、革命、排滿的小搗亂，聲勢頗大。湖北早期地方當局的張之洞等原亦是新派官僚，對這些小把戲一面羈縻、一面「充軍」，乃撥資把他們送到海外留學，以免他們在國內鼓動青年造反。其中最激烈者則送往遙遠的歐洲，較和平者，則送往東鄰日本。所以他們都變成留歐、留日的「官費生」。

那時的「官費」和後來的「庚款」一樣，是十分充裕的。因此每一個「官費生」都是個小富翁。加以他們又都是富裕家庭出身的小少爺，輕財仗義。既到「花都」等大城市，才發現自己原是些土包子，而孫文卻是滿口流利英語的留學生老前輩。敬佩之心，不覺油然而生。乃通過與中山有舊的鄂籍旅美學生劉成禺，邀請中山先生赴歐一晤。

這時待在紐約的孫中山，原是個一文不名的窮光蛋。我相信他那時在紐約以「打工」為生。五十年後的不才，也是紐約市內的一個窮光蛋，也以打工為生。深知這批打工仔當中不乏藏龍臥虎之輩也，而我們的國父孫中山先生，便是我們打工仔前輩中最大的一條「龍虎」。只是在一九〇四年冬季，忽然八千佛郎，凌空而降。他不啻中了「樂透」頭獎。因此一下把「銀盤」扔掉，一溜煙就跑到歐洲去了。——在歐洲，中山先生是有崇高聲望的。因為他是當年震驚世界的倫敦「西安事變」的主角。

在歐洲大陸，尤其是在布魯塞爾和柏林，中山與那百十個漢族留學生眞是一拍即合。他是個名震國際、革命經驗豐富、英語流利，又博極群書，滿肚皮哲學，而又有正式M. D.學位的老留學生。（其實孫文並無M. D.學位，但是那時的留學生都以爲他有，孫公亦未嘗自謙。）那批鬥志昂揚，卻兩頭不通氣的小竹節們，哪能和他比？很快的，中山就搬出他那「驅除韃虜、恢復中華、建立民國、平均地權」的老套套，把他們組織起來了。——這個新組織是沒有名字的。中山怕引起留學生的反感，沒有把他那個早已死掉的「興中會」搬出來復活（事實上年前他尚在檀香山時，已不願再用這老名字，而改用「中華革命軍」了）。

這時中山自覺已經是個世界級的革命領袖，與英法政府當局都有往還，實在不能再住rooming house了，他要搬入一級觀光大旅館。這意見一經提出，信徒們從無異言。據朱和中回憶，大家「爭相捐助」，佛郎、馬克如「雪片飛來」。中山既得鉅資，在巴黎、倫敦大活動一陣，尚餘「萬餘佛郎」，乃乘高級郵輪，直奔遠東去者。

〔**附註**〕那時留法公費生每月學雜費爲四百佛郎。

中山在巴黎時雖然還有些不愉快的小事，如湯薌銘等四個「反骨仔」，偷他的文件向清吏告密。殊不知清廷駐法公使孫寶琦已早存戒心，不敢妄動，還是把法國公文直接退還孫博士，並恭送中山離境了事。

「老孫」、「小黃」合作的開始

中山先生於一九〇五年（清光緒三十一年・乙巳）七月十九日抵日本橫濱，當即由日友宮崎寅藏介紹認識了黃興（一八七四～一九一六）。「老孫」（一八六六～一九二五）與「小黃」這兩位華裔革命家的約會，爲什麼要通過一個日本人來安排呢？朋友，你如久居海外你就知道，有些外國人對中國事務的熱心，往往有甚於中國人自己。那時如此，現在還是如此。今日在海峽兩岸、法國、美國跑來跑去的正不知有多少白皮膚的「宮崎寅藏」呢！抗戰前的斯諾、史沫特萊、阿姆斯特朗、白求恩等等，還不是另一種「宮崎寅藏」？

孫、黃二人晤面之後，眞是一見如故。黃興這時是中國革命運動的實力派、中堅人物。他有個生氣蓬勃的「華興會」。會中圍繞著他這個三十歲的青年領袖，是一群幹勁沖天的小「湖南騾子」。他們勾結了長江中上游最有勢力的會黨「哥老會」，在中國內部十八行省的中心的兩湖地區已搞過數次造反行動，死了不少英雄豪傑。如今這群小頭頭逃到日本，個個都在摩拳擦掌，要得機滲透回國，重新來過。他們留在兩湖地區的還有千千萬萬的小革命，分散在「新軍」之內；附托在教堂邊緣（清吏最怕教堂）；寄身於新政、學堂、巡警等不同的機構裡。他們個個都「新」得要死；和「舊」的、「老」的，尤其是老太后、老官僚、老風俗、老習慣過不去。他們有他們的小組織，但是那些逃亡於日本的黃克強（興）、趙伯先（聲）、宋漁父（教仁）等等卻是他們的小鬼大王、精神領袖。他們勒韁以待，靜候驅策。——另外「華興會」還在日本辦了個機關報《二十世紀之支那》，風行一時。

在華興會帶頭之下，「光復會」中的人馬也圍攏了過來。這光、華兩會，在宗旨上，在社會成分上，並沒太大分別。只是光復會出自文人薈萃之區，多了一些進士、舉人和國故大師如蔡元培、章炳麟這樣的人。他們也有一批組織家和死士像陶成章、徐錫麟、秋瑾等等。在基層爲他們披堅執銳的，也有個駭人聽聞的「青幫」。

總之這兩個團體的靠攏，已把長江流域的革命菁英，籠絡過半矣。其實那時留東學生兩萬人，人數較多的省分大致都有學生會的組織。這些地方性組織雖非革命團體，然類多傾向革命。一經號召，都是革命的後備軍。所以孫、黃接觸之後，他們就想組織起一個全國性的大同盟了。

但是這些革命社團，卻都有其先天性的缺點。就談打倒專制、建立民國吧！他們之中幾乎沒一個人知道，一個沒有皇帝的國家，是個什麼樣子。換言之，他們都是一批未見過世面的土包子。不會講大話、談學理；只能動手、不能動口。他們也沒有海外關係。同文同種的中國和日本之外，也不知歐美華僑社會是什麼個樣子；對歐美國家去協商、去折衝樽俎，是如何個協商法、折衝法，這一點他們就得聽孫中山的了。

我們的國父中山先生原是個見多識廣，能說會吹（學術名字叫做「宣傳」吧）的，有名的「大砲」。他說「興中會」單在南洋即有會員十萬人。美洲更有的是金山、銀山。千萬華僑是如何地富庶多財、慷慨好義，爲革命之母。三合會、致公堂是如何地凶狠，清吏無不聞聲落膽。他與歐美朝野兩界的過往，又是如何地得心應手……。總之，這些小革命團體之所無，正是這位孫逸仙大革命家之所有。——大家攜手合作，截長補短，何愁清社之不屋乎？

現說現賣，一九〇五年八月十三日，星期一，日本中國留學界，在麴町區富士見樓，開群衆大會歡迎孫逸仙先生。先生著筆挺的白嗶嘰西裝、戴通草帽，按時出現於講演台上。中山是第一次以現代政治家姿態，向廣大而熱情的政治群衆發表了政治講演。他使盡他天賦的講演天才——連毛澤東也不得不承認的演說天才（見《毛澤東思想萬歲》中毛對孫的評語）——使盡了渾身解數。中山一砲而紅。他風靡了當時在場的一千數百位聽衆；透過這些聽衆，他也風靡了在東京的兩萬名中國留學生。透過中國留學生，他也風靡了數以千萬計的黃海彼岸的祖國同胞。——孫文在中國革命中的不移地位，也從此確立了。

一個星期之後，一九〇五年八月二十日，星期一，在中國近代史上起劃時代作用的「中國（革命）同盟會」，在東京赤坂區一家市民住宅裡，便呱呱墜地了。（爲免日本政府干涉，會名中刪除「革命」二字。）

「同盟會」這個革命大拼盤

「同盟會」是怎麼回事呢？它的名字本身就說明得很清楚。它是許多小革命團體（加上許多革命單幹戶）所聯合組織的一個革命大同盟或革命大拼盤。其性質就頗像抗戰末期就開始組織，今日在大陸上仍變相繼續存在的「民主同盟」。

「同盟會」最早的團體盟員計有「興中會」、「華興會」、「光復會」、「軍國民教育會」、「科學補習所」等等。按道理，這些小團體一經入盟，小團體本身就不應該繼續存在了。但這不是我們中國人的幹法。咱中國人知識分子是歡喜搞小圈圈的，所謂「黨外有黨，黨內有派」也。原是無黨無派之人，一經捲入「黨派」，還要再製造小派系，何況原先已有黨派了呢！「國共合作」期間，有所謂「跨黨分子」（毛澤東、周恩來當時都是「跨黨」的）；「民主同盟」初期老盟員也大多都有雙重黨籍的——例如某人是「民主同盟」盟員，他同時也是「青年黨」或「民社黨」黨員。這樣一來許多盟員就要發生「雙重忠誠」(double allegiance)的問題。一旦這雙重忠誠發生牴觸，盟內黨內就要鬧分裂了。

事實上，同盟會成立之初，就發生了這樣的問題。當時當選「總理」（也就是黨魁）的孫中山先生本人就是個「跨會分子」。他原是「興中會」的黨魁。但此時興中會已不復存在。原興中會員加入「同盟會」者，也只有中山本人及梁慕光、馮自由三人而已，而中山卻念念不忘他的興中會。所以等到「同盟會」需要有個「會旗」時，中山就堅持非用原興中會的「青天白日」會旗不可。黨魁示人不廣，這一下就和他的副黨魁黃興幾乎鬧翻了。——這點小芥蒂，在這兩位可敬的民族領袖心中，是死掉也要帶進棺材裡去的。

華興會當時是「同盟會」團體盟員中，最具實力的一個。華興會員在第一次入盟時即有九人之多，再加上個《二十世紀之支那》這個雜誌和社址。這刊物旋即易名爲《民報》，作爲同盟會的機關報。黃興既坐了同盟會的第二把交椅，他倒能捨棄「第二種忠誠」而和中山合作無間，但是華興會在精神上卻並未消失。那些後來不願或無意與「同盟會」發生直接關係的小團體，像共進會、日知會和文學社等等，實際上都與華興會有最密切的關係。

至於光復會，它在一開頭便是「同盟會」中，意興不大的盟員。會員中最初加盟的，也只有一個人。同盟會早期的重要位置，他們也未分到一席。一直到章太炎因「蘇報案」在上海坐牢期滿，於一九〇六年夏季，東渡日本，接編《民報》之後，光復會的會員在同盟會內才稍形活躍。《民報》也以太炎接編而聲價十倍，暢銷一時。與保皇派的《新民叢報》之筆戰，尤其膾炙人口，譽滿神州。

孰知好景不長，《民報》發刊未及兩年，日政府在清廷壓力之下，贈中山鉅款一萬五千元，禮逐中山出境。孫公未與衆議，乃收下鉅款（留兩千給《民報》），便於一九〇七年三月四日率爾離去。這一下不得了，幾乎觸怒了留在東京的全部盟員。他們在章太炎、張繼等的帶頭之下，發動了一次聲勢浩大的驅孫怒潮——同盟會分裂了。光復會也恢復了它自由的組織，和同盟會分頭革命了。是年夏季，徐錫麟、秋瑾等起義失敗就義，後來國民黨黨史上都認他們是同盟會的死難先烈，其實他二人都不是同盟會會員。後來那位被蔣志清（介石原名）親手刺殺的光復會領袖陶成章，原來倒是同盟會員，並做過《民報》總編輯。陶氏之死，算是叛徒或烈士，連治黨史的也難下筆了。

同盟會這次雖然分裂，但是並沒有把這一大拼盤鬧垮。第一是因爲這時革命的浪潮已如日中天，而且是全國性的。在千萬革命志士、無數革命集團各自爲戰、群龍無首的狀態之下，「同盟會」和「孫逸仙」卻正好具備這個「首」的資格。引一句洪秀全告訴李秀成的話：「朕的江山，你不保，有人保。」

第二是，同盟會的團體盟員此時已不發生決定性作用，因爲絕大多數（數以千計）的新盟員，原都是一些革命的單幹戶。他們在入盟之前並沒有個小組織。因此也沒有「

第二種忠誠」——他們就一心一意，生死以之，爲同盟會的理想奮鬥到底。這種單幹戶最標準的代表，便是汪精衛（一八八三～一九四四）和胡漢民（一八七九～一九三六）了。汪是廣州秀才中的「案首」（即第一名，也是「三元及第」中的第一「元」）；胡則是「舉人」叢中「每發必中」的名「槍手」或「捉刀人」，在科舉中爲人「代考」。一九〇二年胡爲某兄弟捉刀皆中舉，曾獲報酬銀洋六千餅（見汪、胡二人自傳）。那時的六千元銀洋是一宗嚇壞人的財產。

所以汪、胡二人都是清末第一流的才士。他二人入盟之後，立刻就變成《民報》的台柱。再與章太炎等相配合，眞是雲從龍、風從虎，幾管毛筆，橫掃天下。而他們的對手方的康、梁也是海內第一流。因此在清末他們的文壇對陣，其光輝燦爛，眞照耀古今。那時還是個中學生的胡適，也爲之目迷五色，讚嘆不已。所以同盟會自然也就成爲中國革命獨一無二的發言人了。

但是汪、胡在加盟之前都沒有參加過小組織。因爲廣東佬那時，不論是革命或保皇，都站在最前排。搞革命要做「會黨」，汪、胡不爲也；搞保皇要抬舉「載湉小醜」（章太炎辦《蘇報》所用的詈辭，章也爲此坐牢），汪、胡亦不爲也。所以他二人就變成排滿革命的單幹戶。一旦入盟，也就只有第一種忠誠。追隨中山，作其肱股，而終身不渝了。中山也幸虧有了這哼哈二將。

但是那時保持同盟會不致分裂的最大功臣，應該還是黃興。黃興是「同盟會」中的實力派；也是孫公之下的「林彪」（法定接班人）。他已是衆望所歸，用不著搞什麼「五七一」就可接班。但是黃興這個人雖也是個跨會分子，卻有點儒家氣質——也可說是「固有文化」的涵養吧——他識大體、有氣度；他拒絕了趙匡胤的那件黃袍。並且苦口婆心、任勞任怨的維持了「同盟會」的團結，這才有後來的中華民國。

不幸後來有一些史家，按傳統治史的方法，把締造民國的功勳，全部派給了國父孫中山先生，而對黃克強的貢獻，顯然是只給了些低調的認可。這可把他的小女婿薛君度教授氣壞了。君度不知吹斷了多少根鬍子。他爲這位民國的cofounder老泰山明寃白謗，眞忙了大半輩子。最近我的朋友汪榮祖教授著書研究章太炎（一九九一年六月二十日台灣初版），也頗爲克強不平。其實歷史書爲英雄作不公平的定位，是自古而然。楊衢雲烈士還不是因爲少了個女婿，而至今無人替他平反。再者，中國現代化是分階段前進的。中山的歷史功勳如只限於同盟會那一階段，而沒有「聯俄容共」的後一段，他在歷史上也不可能有今天這樣光鮮的。黃公不幸，沒等到歷史進入另一階段，他就短命死了，夫復何言？

*原載於台北《傳記文學》第六十卷第一期

八、韃虜易驅，民國難建

還有許多歷史家，尤其是若干美國漢學家，像已故的哈佛學派健將瑪麗・瑞德教授(Mary C. Wright)。她把狹義的辛亥革命追根究柢，竟發現武昌起義是「文學社」、「共進會」他們搞起來的。「同盟會」幾幾乎沒有實際參預。

我們治革命史的，如果只從「組織」的一個角度來看它，這話原沒有錯。辛亥十月十日武昌首義時，同盟會和那些首義團體，的確沒有直接的組織關係。但是「革命」原是在某種特定的意識型態之下，「一時俱發的群眾運動」(a spontaneous mass movement)。在爆發之前，更重要的則是有一個「全國一致信服的意志」(national consensus)。此一意志，雖革命群衆人人皆有，然其中總有一兩個，甚或只有一個團體，爲「衆星所拱」，爲兄弟團體所信服的，「馬首是瞻」的老大。中國革命如此，美國革命、法國革命、俄國革命也都是一樣的。老實說，辛亥革命前後，革命群衆所一致篤信不移的共同意志，只有八個字：「驅除韃虜，建立民國。」（須知袁世凱就是抓住上四字而掠奪了革命果實，身正大位的；他也是背叛後四字而身敗名裂、遺臭靑史的。）而同盟會卻正是這椿「共同意志」的發源地和推動者。它也是化這一意志爲革命行動的「馬首」。它更提供了「以美國爲模範」的運作方式、抽象理論，和領袖人才。——辛亥革命期間，「同盟會」之外，其他的小革命團體，都只是一些「娃娃隊」、「紅衛兵」。他們造反有餘；建立民國就不是他們辦得了的事了。所以治辛亥革命史而忽略了「同盟會」領導的重要性，正如治黑奴解放史而低貶了林肯一樣，都是二次大戰後，美國繁瑣史學濫觴的結果，不足取也。

可是同盟會當時這八字靈符，宣傳起來，雖有其摧枯拉朽之力；而實行起來，卻有其難易之分。「驅除韃虜」那時是最有效率的口號。它擴大了統戰範圍；縮小了打擊目標。把大淸帝國的一切罪惡，腐爛社會的一切不平，帝國主義的各項侵略，這些大黑鍋，都讓「韃虜」大哥一肩揹了過去。把「韃虜」一下「驅」掉了，一個燦爛光輝的中華上國，立刻就可「恢復」了。——好不痛快哉?!

驅除韃虜豈難事哉？非也！現在紐約市大執鞭，當年是「正黃旗」貴族的吾友黃庚教授，便時常指著他自己的鼻子向我說：「你們（漢人）那時要驅除的韃虜，就是我！」「我們（漢人）」那時爲什麼要「驅除」這樣一個多才多藝的小韃虜黃庚呢？我拍拍黃教授說：「我們不但不驅除你，還把漢家姑娘嫁給你呢！」

所以孫中山那時要「驅除韃虜」，只是驅除幾個可憐又可嫌的滿族寡婦孤兒，和十來位昏瞶糊塗，連半句「滿語」也不會說的滿族老頭子罷了。其後袁世凱歪歪嘴，不就把他們「驅除」了？——乾淨俐落。

可是那八字靈符的下四字「建立民國」，就不那麼簡單了。中山與同盟會諸公，首先即以他們自己新組織的同盟會爲示範，來試驗那個「三權分立」、「權力制衡」和「司法獨立」的美國式的共和模式(republican model)。

「同盟會」於一九〇五年八月二十日在東京成立時，其組織形式即分「執行」、「評議」（立法）、「司法」三部。中山由全體一致推選出任「執行部總理」，黃興當選爲「執行部庶務」，等於副總理。汪精衛則當選爲「評議部議長」；鄧家彥爲「司法部判事長」。每部各有分屬。全會幹部三十餘人，三權分立，煞有介事。然據曾任執行部書記的田桐回憶：「當時以祕密結社，最忌手續繁複。稽考時日，司法、評議二部，尤難實行。同人提議開三部聯合會。遇有重要之事，將三部人員結合，一次議決實行。自此制行後，司法、評議二部未曾獨立行使職權矣。」（見田桐〈同盟會成立記〉，載《革命文獻》第二輯）事實上，當一九〇七年三月四日孫總理接受日人餽金離日時，如此重大事件，他們顯然連會也沒有開過。於此一糾紛，我們就可看出這個革命司令部內，平時會務操作的程序了。其後由「同盟會」進而改組爲「國民黨」而「中華革命黨」而「中國國民黨」。連「總理」、「總裁」二職稱都變成孫、蔣二公專用的「謚法」，再沒有第二個「總理」，第二個「總裁」了。三權分立云乎哉？有人或許要問：既然如此，革命不就不徹底了嗎？朋友，革命原不能「畢其功於一役」。它是分階段前進的。每一階段都有些進步，搞了七、八上十個階段，「革命」就會「成功」了。用不著做急色鬼。所以當時以一個首倡三權分立、司法獨立的神聖政黨、國父完人，以身作則，尚且如此，欲以之托諸軍閥及「八百羅漢」（民初國會議員的集體諢名），而期其有成，豈非緣木求魚哉？辛亥革命過去八十年了。我們搞「建立民國」，到現在已換了幾個朝代，而我們的「民國」至今還是個半調子、「四不像」，實在是沒什麼好奇怪的。——但是一個眞正的「民國」，最後是必然要出現的。不信，等著瞧嘛！

三權已足，五權不夠

精通「國父思想」、「孫文主義」的專家們，可能認爲筆者所說的「八字」靈符，太簡單化了。國父還有「五權」憲法呢！你只提了三權；國父還有「三民」主義呢！你只碰到二民。民生主義、平均地權，你就不談了耶？

限於篇幅，應另有專篇始能詳答。簡而言之，我們要知道，國父也是遜清遺老，去古未遠。他老人家看中了祖宗遺教中最最可取的兩大制度：「考試制度」和「御史制度」。他要把它們延續下來。於三權之外，另設「考試權」和「監察權」。殊不知這對難兄難弟，都只是「農業社會」和「中央集權」前提下的天才發明。可是在工商業發達，現代化的「多重中心的社會」(multi-centered society)裡，他兄弟就無能爲力了。因爲在一個多重中心的現代化社會裡，要「考」的東西實在太多了。就以這超級工業化的美國情況來說吧！凡是沾上要領取執照的職業，幾乎無一不要考（雖然「考試」這個怪物原是中國人發明的）。且看律師、醫師、建築師、會計師、社會服務員(social worker)、警察、郵務員、飛行師、領航員，甚至嚐酒師(winetaster)、水喉工、地產經紀、貨車駕駛員、計程車駕駛員、電器工、電梯操縱員、私家車駕駛員……蓋不下百數十種，再加上各大公司行會，亦各有其專業考試，下及垃圾伕等等……無不有其考試。一個「考試院」哪考得了那許多？所以中山所特別強調者，只是「文官考試」（高普考），專爲入朝當官而參加之考試也。試問今日台港有志青年，有幾個要做官？他們要在工商界當大老闆呢！「考試院」派啥用場？

至於「監察權」就更不值一提了。我國傳統上的「御史」也、「言官」也、「參劾」也，都是專制政體中的看家狗(watchdog)罷了。最近在台灣的蔣緯國將軍爲了「私藏」幾十枝「打靶槍」被揭發，便弄得手忙腳亂。在他老子和哥哥當政的時代，緯國要私藏幾個原子彈，于右任院長敢瞥他一眼？——在一個現代化的政府之中，發生監察作用的，不是御史大夫也，反對黨也！所以在一個現代化了的政體之內，防貪防腐，三權已足。政治民主化不了，搞五權、十權亦無濟於事也。設個專打蒼蠅的「監察院」有屁用？

再看無勞增值、漲價歸公

再看看國父的「平均地權」的高論吧！中山那時談平均地權，非搞毛澤東式的「土改」也。他的重點是亨利・喬治的「單稅法」中「無勞增值、漲價歸公」那一套——說淺顯一點，中山先生反對現代化過程中，資本主義的「炒地皮」。倫敦地價在十九世紀漲了三千倍。不知出了多少地皮客、大富翁。其後美國和澳洲也急起直追（讀者也可看看今日的香港、台北甚至廈門）。亨利・喬治老兄在紐約點出了這一點。一八九六年中山在倫敦待了八個月，也證實了這一點。孫中山是個好學深思的人，一輩子都在中西典籍（尤其是西書——毛澤東不如孫中山，就是他不讀西書）中探索學理。讀到喬治的《進步與貧困》之後，恍然大悟，非反對炒地皮不可。

中山和喬治這一套，都是相當深奧的。它不是青年留學生如薛仙洲，和八股文專家胡展堂或「一夜就學會了日文」的梁啓超所能輕易瞭解的。所以他們都曾和中山「激烈爭辯」，甚至反對到底。這一套對「同盟會」、「共進會」裡面的紅衛兵們來說，那就更是一頭霧水了。因此共進會後來頒佈的「會章」，一切都以同盟會的會章爲藍本，只是把「平均地權」一條改爲「平均人權」。胡漢民在《民報》上談「六大主義」，其中之一竟然是「土地國有」。「土地國有」屬於王莽和毛澤東，非孫中山也。

中山那時所搞的如果只是簡單的「分田」、「土改」，那他老人家晚年才想起的「耕者有其田」，一句話就夠了。提倡「耕者有其田」，則「十代務農」的梁啓超，和早年貧無立錐的胡漢民，都不會反對的。殊不知早年中山所搞的卻是亨利・喬治一套的洋東西，對胡、梁等一些土老兒說來就有對牛彈琴之感了。

其實亨利・喬治（一八三九～一八九七）和馬克思（一八一八～一八八三）一樣，都是十九世紀的理論家。喬治第一本談「土地政策」的書是一八七一年出版的，那時資本主義的諸「大王」，都還潛龍在田，蓄勢未發；只有炒地皮才一馬當先。所以喬治先生以爲用「單稅法」解決了土地問題，其他一切社會經濟問題，也都可迎刃而解了。這是他老先生一廂情願的想法。其實「經濟起飛」了，哪一項利潤不是unearned increment（無勞增值）呢？要「漲價歸公」，爲什麼只對地皮客過不去呢？這就是「民生主義」的漲價歸公的辦法，直到今天的台灣也實行不了的緣故。現在我們在紐約的「小台北」法拉盛，一度有華裔「地產經紀」三百家，這兩年來地皮跌價，據說都紛紛改行了——這就叫做「市場經濟」、「自動調節」嘛！中山早年的操心，是值得理解的。但是卻是個不必要的杞人憂天。

挖掘了民族良心的「黃花岡」

孫中山先生實在是十分偉大的。他不但在辛亥革命時代是個最前進的思想家。搞歷史的人一百年後回頭看，孫公仍然是我民族最高層領袖中，近百年來極少有、甚至唯一的「現代人」。毛澤東雄才大略也，可是「太土了」。這三個字不是我們寫歷史的人封他的。那是他枕邊人江青夫人對他的評語。君不見毛主席故宮的偉大書房裡，就找不到一本洋書？君不聞，毛主席自誇把《資治通鑑》讀了六遍。毛主席一輩子只會做酸溜溜的舊詩詞，而一句「新」詩也不會寫；毛公也一輩子未穿過西裝，據說也未刷過牙。他這位土老兒居然也找到了一個當明星的老婆，實在是難能可貴了。

中山先生是個現代人。他在辛亥革命時的思想，是「新」得過了頭，也可說是「躐等」吧！其實他那「八字」真言，就足夠領導一個「辛亥革命」了。其他都是多餘的。

爲著「驅除韃虜」，同盟會一成立，他們就想到要聯合會黨，搞武裝暴動。在辛亥之前，孫中山所親身領導的所謂「十大起義」，有八次都是同盟會在它短命的六年（一九〇六～一九一一）之內發動的。一九〇七年一年之內就「起義」了四次，計有「潮州起義」（五月）、「惠州起義」（六月）、「欽州起義」（九月）和「鎭南關起義」（十二月）；外加同年七月光復會徐錫麟的「安慶起義」。一九〇八年則有「欽、廉起義」（三月），雲南「河口起義」（四月）；一九一〇年則有「廣州起義」（二月）；一九一一年「武昌起義」之前則有最慘烈的黃花岡（一作「黃花崗」）七十二烈士的「廣州起義」（四月二十七日，陰曆三月二十九日）。

同盟會諸公爲什麼要不斷地搞這些準備並不充分的小起義呢？而這些小起義爲什麼沒一個能維持若干時日的呢？這就因爲孫黃諸公都堅信滿人政權已到了山窮水盡的末日。牆倒衆人推，只要他們能以有限的力量，在中國南部沿海佔領一兩個城市，全國各地就會一致響應；然後群策群力，就會把大清皇帝拉下馬。——他們這一構想，並沒有錯。辛亥武昌起義之後，各省響應之熱烈，不正是如此？可惜的是清末革命黨人搞了十餘次大小起義，竟然沒一次能佔領一個城池至一兩個星期之上的，所以連鎖反應就無從發生了。

再者，孫、黃二公都是運動祕密會黨起家的，他們過高地估計了會黨的戰鬥能力了。其實會黨只是些烏合之衆，而革命黨領袖如孫黃等人，籌了些極其有限的「軍餉」，買了些陳舊槍砲，便驅策這些烏合之衆上前線，作戰賣命。而孫、黃兩人又都是文人。孫逸仙是個學貫中西的洋翰林；黃克強則是個「文似東坡，字工北魏」的名秀才。二人基本上都不知兵，至少沒有臨陣經驗。那些桀驁不馴的會黨分子，也不一定聽他們的指揮。率領他們去「起義」，正如古人所說：「驅市人爲戰」。對方的清軍雖說不上是什麼勁旅，但至少是職業性的正規軍。兩相砍殺，則勝敗之數，就毋待蓍龜了。所以同盟會諸子，在羅掘俱窮，運動會黨，發動七次起義，都一無斬獲的沮喪心情之下，最後不顧一切，乾脆捨棄會黨，就自己赤膊上陣了。

最先丟掉筆桿，拿起手槍炸彈，去和滿族王公拚命的高級幹部，便是有美男子之稱的才子汪精衛了。汪精衛其時年方二十七，由於《民報》的深入朝野，已才名滿天下，連北京的深宮內院繼慈禧、光緒（一九〇八年死亡）執政的后妃，亦無人不知、無人不曉。

汪原在南洋一帶隨孫黃二公辦雜務，然自覺同盟會已到山窮水盡的地步，非自己捨身做烈士別無他策，乃留下血書不辭而別，由傾慕他的女友陳璧君向乃母逼出八千元（此爲陳璧君自報，實數猶待考），乃偕璧君及同志喻培倫、黃復生等數人輾轉潛入北京，詐開「守眞照相館」，謀刺攝政王載灃。小才子怎能做職業刺客呢？事機不密，汪黃二人就被破獲逮捕了。

北京捕獲的革命黨刺客，竟然是文名滿天下的汪精衛。消息傳出，一城皆驚！汪黃大獄由肅親王善耆親自主審，而善耆竟是個惜才之士，他首先便被汪氏的文名儀表供詞和風采所懾服。當他把汪、黃兩犯「隔離審訊」時，二人皆堅稱是「個人謀反，累及無辜朋友」，叩請庭上將本犯千刀萬剮而將無辜者釋放。據說善耆聞供大爲感動，竟放下朱筆，再三嘆息，口稱「義士、義士」不絕。就這樣他才說服攝政王載灃，把這兩個罪至凌遲處死、九族同誅的「大逆犯」，輕判爲「永遠監禁」的。

作者落筆至此，倒覺得載灃、善耆這些「韃虜」貴族，顢頇誤國，固罪無可逭，然較諸後來國、共兩黨，誅鋤異己，殘害無辜者之凶狠毒辣，實有足多者。治史者記錄善惡，可不愼哉?!

汪精衛那時年輕衝動，激於義憤，不惜一死，曾引起全國同情，把排滿革命，帶向另一高潮。其實汪氏只是因其多彩多姿，而暴得大名。當時革命黨人，痛恨清室誤國，沮喪之餘，人人皆有必死之心。其中無名烈士，其死難之慘烈，更足銘人肺腑。即以喻培倫烈士而言，喻君原爲三位刺客中的漏網之魚，原可不死，但是最後還是自求一死，做了黃花岡上的烈士。今日世人但知「引刀成一快，不負少年頭」的汪精衛，又有誰知道，眞正引刀成一快的小四川佬喻培倫烈士呢?!

辛亥「三月二十九日廣州起義」，最後叢葬於黃花岡的「七十二烈士」（實數是八十六人），他們當時是人人自求一死的。這群烈士都是當時中華民族中熱血沸騰的青年，他們眼見國家危亡就在旦夕之間，而人民愚昧、清吏顢頇。他們原想藉華僑之錢，憑會黨之勇，以推翻滿清惡政。可是起義十餘次之後，才知藉華僑之錢匪易，憑會黨之勇尤難。絕望之餘，乃決心以一己血肉之軀，作孤注之一擲。這就是七十二烈士死難前的孤憤心情。

他們死得太慘烈了。八十多人原是「同盟會」的骨幹，他們差不多每個人都是將相之才，卻被當作衝鋒陷陣的小卒犧牲了。一旦集體犧牲，則同盟會之菁英斲喪殆盡；但是他們之死，也挖掘了我們民族的良心。——全國暴動已蓄勢待發，清廷惡政也被推到了崩潰的邊緣。

「共進會」、「文學社」是怎樣的團體？

果然距七十二烈士之死，為時未及半年，便發生了十月十日（陰曆八月十九日）的「武昌起義」，從狹義的觀點立論，這就是「辛亥革命」了。所以所謂「辛亥革命」者，便是近代中國為「驅除韃虜、建立民國」而發動的革命運動之最後一次的「起義」。通過這次起義，則「驅除韃虜、建立民國」的兩大目標，便完全達到了。——因此吾人如認為「中國現代化運動」是有其「階段性」的，則「辛亥革命」應是第一階段，而且是完全成功的第一階段。不過其後還有三、五個乃至七、八個「階段」，有待突破罷了。

可是我們如果是「一次革命論者」，認為長治久安的百年大計，可以「畢其功於一役」——國共兩黨的理論家，都是一次革命論者，就難怪孫中山先生要慨嘆「革命尚未成功」了。共產黨理論家則認為它是「資產階級的民主革命」；它不是共產黨人所認可的「革命」。是耶？非耶？讓我再看看這「武昌起義」是怎樣搞起來的。

長話短說。直接推動「武昌起義」的，有兩個重要的革命團體：「共進會」和「文學社」。另一個團體「日知會」則作用不大。它只是個被革命人士用爲盾牌的聖公會讀書室的名字。那且也早在辛亥前就解散了。

「共進會」於一九〇七年成立於東京。原動議人爲同盟會內黃興以後最末一任的「庶務」劉揆一。揆一爲什麼於同盟會之外，再組織個共進會呢？其原因是同盟會鬧分裂。光復會退盟；孫中山與汪胡等人在南洋另組同盟會「總部」，因此原同盟會分子之留日者，不願再隸屬於老同盟會。劉揆一是傾向中山的，所以他想另組一個與同盟會性質相同的團體以爲彌縫。

據共進會成立宣言：共者「共同」也；「進」者「有進無退」也。所以它也是許多小革命團體的「共同」組織。宗旨與同盟會完全一致。只是把平均「地」權，改爲平均「人」權。至於會旗，他們就不用孫中山堅持的「青天白日」了；改用「錐角交錯」的十八星旗。中國那時有「十八行省」，每省一顆星，顯然亦以美國「星條旗」爲模範也。新會既立，一時頗得人心。各省英雄紛紛加入，如川人張百祥（百祥與哥老會有淵源，故被選爲第一任總理）、熊克武、喻培倫，鄂人居正、孫武，湘人焦達峰、覃振，浙人傅亦增、陶成章……等等，均是一時之選。東京之會既立，旋即移師武漢，儼然是長江中上游的革命重心。雖然共進會與同盟會之間並無直接關係，然「共進會亦戴同盟會總理爲總理，以示不與同盟會分別門戶，獨成系統也。」（見蔡濟民、吳醒亞合著《辛亥武漢首義實錄》）如果此言可信，則本篇前引美國史家瑪麗・瑞德之言，就不攻自破了。

武昌首義時，第二個主要團體「文學社」，則是個青年軍人的組合，原名「振武學社」。蓋清末行新政，練「新軍」，袁世凱的「北洋六鎮」之外，以湖北張之洞所練的「鄂軍」最有成績。袁世凱狡猾而專橫，他的六鎮之內不用有革命傾向的留日學生。張之洞則較開朗，他不但大批保送優秀青年留日，並且重用留日歸國學生以擴展新政、新軍。不幸的是，在任何腐敗的獨裁政權之內從事改革開放，都是自掘墳墓（且看今日蘇聯）。因爲有舊政權的剋制，改革開放便不可能順利開展。一旦改革不能盡如人意，則改革運動中的大批「新」人，就必然要走向叛逆之途。——這就是辛亥年間，新建鄂軍之內，其所以革命黨成百成千的道理，而文學社則是他們的祕密組織。文學社成立於辛亥之初，社員遍佈鄂軍諸標（即現今之「團」）及工程營、輜重營、砲兵隊等單位。所以他們一旦搞起「起義」來，就同孫黃在華南所策動的不一樣了。在南方他們多半是以「烏合之衆」對抗「正規軍」；在湖北他們要「起義」，那就是「正規軍叛變」了。搞軍隊叛變的效率，較之搞會黨暴動，自然就事半功倍。

不過「文學社」裡的小革命家，卻有個美中不足——他們之間，有兵無將（這和同盟會內有將無兵的情況，恰相反）。「文學社」的首任社長蔣翊武（湖南澧縣人），也不過是鄂軍混成協第四十三標三營裡的一個小士兵。後升正副目（正副班長）。其他列名史册的辛亥功臣熊秉坤等人也都是小兵。所以他們一旦造起反來，局面搞大了，卻有有兵無將之苦——後來情急智生，竟強迫一個反革命的旅長（混成協的協統）黎元洪來領導革命。辛亥之夏，四川「路案」驟起，清廷要調鄂軍入川彈壓，而衆兵丁不願離鄂。「文學社」與「共進會」乃暗通聲氣，終於聯合造反。十月十日武昌城內一聲砲響，二百六十八年的大清帝國就搖搖欲墜了。

「武昌起義」的經緯

辛亥革命，尤其是「武昌起義」的故事，史家所記蓋不下千百萬言。筆者個人在海峽兩岸的「近代史研究所」暨老友章開沅、謝文孫諸教授鼎助之下，所收中西日文書目便有數千種之多，允爲「民國史」中各專題之最。按題翻閱起來，豈一人一輩子所能了？

可是武昌起義的實際情形，亦不妨以三數百言一筆帶過：「武昌起義」是清末革命黨人所發動的最後的、也是唯一的一次武裝暴動，而能佔領城池至一星期以上者。它也是如孫黃諸公所逆料的，一旦站穩腳根，則全國各地便會作連鎖的響應(chain reaction)。從湖南、陝西、江西（十月二十二、二十三日）開始，時未逾月，全國便有十三省宣佈獨立，而策動獨立的主要分子往往不是革命黨，而是各該省內，由立憲（保皇）黨所掌握的民意機關——「諮議局」。這一來，那些無用的滿族王公應付不了，清廷乃召回已被擯斥的袁世凱來撐持危局，而袁氏則養寇自重——一面「進剿」，一面又與革命黨人私通款曲。他向武漢三鎮反攻，也只取二城，留個武昌給黎元洪、黃興這一架兩頭馬車去慢慢拖延。

原來當黎元洪被拖出作革命軍的「都督」之後不久，黃興亦趕到武昌（十月二十八日），並被推舉爲革命軍戰時總司令。如此令出兩府，便隱約的引起黃黎、湘鄂兩派的分歧。黃興苦戰經月，終致兩漢皆失，武昌垂危，黃氏終爲鄂派孫武（民間誤傳爲孫文之弟）等所排斥，悄然解職遁返上海（十一月二十七日）。然克強雖去，全國革命形勢已如火燎原。越日南京光復（十二月二日），各省遣滬代表復舉黃興爲革命軍大元帥，以黎元洪副之，擬組臨時政府奠都南京，而鄂方擁黎者則堅主黎正黃副。相持不下，儼然成爲十餘年後「寧漢分立」之前奏。而此時革命軍的旗幟，鄂方所用者爲共進會的「十八星‧錐角旗」；寧方所用者，則爲自製象徵五族共和的「五色旗」。而廣東光復時（十一月九日）所用者又爲「青天白日旗」。一軍三旗，亦見革命黨人錯綜複雜之組織關係也。然斯時民國未建、韃虜猶存；黎黃雙方爲自解計，竟分電袁世凱。袁如倒戈反清，當公舉之爲民國大總統。斯時歸國途中的孫中山亦有相同的表示——遂奠定清末民初，安定中國「非袁不可」之局（「非袁不可」四字爲新出獄的汪精衛所發明）。

但是在袁氏遵約倒戈之前，總得有一番和談，以終止此南北對峙之局。這樣一來，則南方這個支離破碎、一軍三旗的紛亂場面也得有個整體的規畫，和一個總負責人。黎黃二公既相持不下，則聲望原在二公之上的孫文，就呼之欲出了。時局發展至此，袁氏亦覺時機成熟，由前敵將領段祺瑞等四十二人，一封聯銜通電（民元一月二十五日），六歲的宣統皇帝就遵命退位了。

孫文的革命外交舉隅

當國內革命運動鬧得如火如荼之時，孫中山先生在做什麼呢？香港那時不許他入境；日本亦作有禮貌的擋駕。中山活動的地區，只限於南洋。後來南洋荷屬、法屬、英屬諸殖民地，為著向清廷討價，對他亦不表歡迎，弄得中山無處存身。以致在民國前二、三年間（一九一〇～一九一一）他連繞地球三匝。全部時間都用在旅途之上了。

中山旅行之目的何在呢？他是在尋覓有錢有勢之歐美人士，同時也想加強他在美加一帶同盟會的基層組織，為計畫中的「起義」而籌餉。

中山對歐美當局寄存希望最大的原是法國。他在一九〇五年夏應中國留歐學生之請，路過巴黎時，被湯薌銘等所竊走的文件之中，便有一封法國當局把他介紹給安南總督的信件。法國駐安南的殖民地官員，當時窺伺中國之不暇，何厚於孫文？顯然的這些帝國主義者是想利用孫文；而孫文飢不擇食也想利用他們。

後來同盟會成立了，中山席不暇暖，便於是年十月自日本專程經過西貢，趕往馬賽、巴黎。舟過吳淞口，並與專程來訪的法國在華駐屯軍參謀長作最機密的往還（簡直是一種「合符將兵」的方式）。其後中山並派專精英語人員，偕同法國軍官，前後凡三人，前往與法國殖民地安南接壤的廣西、貴州、四川三省，作實地調查。法人此舉用意何在，就發人深思了。後來祕件洩露，清廷據以抗議。法國駐華公使亦為之吃驚，乃行文巴黎問詢。法政府居然要其駐華公使，不必管閒事。中國政府亦無如之何（有關此事件的中國資料散見政府檔案及私人雜著，包括《國父年譜》；法文原始史料亦不難查證也）。

一九〇九年五月，中山作「第四次環球之行」時，亦自新加坡逕赴馬賽轉巴黎，在巴黎住了一個多月。他到巴黎的目的，據說是「竭力運動一法國資本家，借款千萬」。其主要牽線人則為前任法國安南總督。據說是「將有成議；不意法政潮忽起，法閣遽改組……此人〔資本家〕遲疑。因其非得政府之許可，斷不肯在國外投鉅資，事遂不諧。

」（《國父年譜》卷上，頁二六五；亦見中山於一九〇九年十月二十九日發自倫敦的〈將赴美洲致各同志函〉，載《國父全書》頁四一九。）

據吾友吳相湘、蔣永敬諸先生之考據，辛亥之前中山在世界各地所捐之款，總數尚不及五十萬。何來此法國千萬富商？所以此一「資本家」很可能便是法國政府自己；而法國政府投此「鉅資」，意欲何為？而中山要吸引法國投此鉅資，「條件」又為何？均史無明文。蓋同盟會當年與西方諸帝國主義所辦的祕密「外交」，均由中山獨任之。黃興、汪胡等人因不通西語，亦不諳西情，均不知仔細也。

從「企枱」到「總統」

中山先生此時雖病急亂求醫，四處籌款，但所得則極其有限。東西帝國主義都想利用他，但是又不信任他。中山當時在美洲華僑界的最大靠山厥為「洪門致公堂」，而致公堂也是雷聲大雨點小，口惠而實不至。據中山先生於一九一〇年（宣統二年庚戌正月二十日．陽曆三月一日）〈致美洲同志趙公璧函〉，他的第九次起義之失敗，實因缺款五千，而「波士頓致公堂擔任五千，所寄不過一千九百餘元。紐約致公堂許擔任者，一文未寄……」。

所以近代史書如鄧澤如所著《中國國民黨二十年史蹟》中所羅列的十萬八萬之數，都是「認捐」的數目，或事後誇大之辭，不是實際的收入。這實在不是「致公堂」諸公慳吝，而是中山的革命原是個無底洞，鈔票是塡不滿的。加以當年華僑社區之中，既無「王安」，亦無「包玉剛」。大家都是打工仔，在美國〈排華法案〉欺壓之下，做點洗衣店、餐館的苦力勞動；終年所得，勉卻飢寒。在一身難保之下，支持革命，已盡其所能了。過分捐獻，大多力不從心。因此中山先生在辛亥七十二烈士死難之後，他實在已羅掘俱窮，甚至自身也衣食難周。

同年十月「武昌起義」爆發，中山時年四十六，正值壯年。據黨史所載，他那時正在北美「致公總堂」支持之下，組織個「籌餉局」，到處巡迴講演革命，籌募軍餉。但據一些私人記述，中山此時日常生活都很難維持。武昌起義期間，他正在科羅拉多州典華城（Denver，亦譯但維爾或敦復）一家盧姓唐餐館中打工，當「企枱」（粵語茶房）。他原先對「武昌暴動」的消息，並未有太強烈的反應。因爲同樣的起義他已領導過十次了，何況這次的發動者和他並無直接關係呢！可是一天他正手捧餐盤自廚房出來爲客人上茶時，忽然有一同事向他大叫一聲說：「老孫，你有份『電報』。」說著，那同事便把那份來電丟到「老孫」的餐盤中去。中山拆閱來電，不禁喜出望外。原來那電報（顯然是黃興打來的）是要他立刻束裝回國。因為革命情勢發展迅速，「中華民國」可能即將成立；一旦成立了，則首任「大總統」，實非君莫屬也。——果然，兩個多月以後，企枱老孫就真的做起中華民國的首任「臨時大總統」了。

科州盧家的故事

筆者寫出上段孫中山先生的軼事，朋友們驟讀之下，可能認為是稗官野史。其實這故事的真實性相當高。因為把這份電報丟到中山餐盤內的那位「企枱」，和這家餐館的主人盧瑞連君，據說在二次大戰期間，都還健在美國。盧君的長子盧琪新君曾任國民黨中央社「駐美京特派員」，與筆者老友，名記者龔選舞君曾長期同事並為好友。盧的次子盧琪沃君，曾任「青年歸主教會」的牧師，也是交遊廣闊之士。他們盧家與孫公為世交好友和同鄉同志，可能還是至戚。中山先生當年在他們餐館中幫忙作企枱，原不是什麼祕密。只是在那清末民初勞工並不神聖的中國社會，如傳說孫總統曾在美國當茶房，恐怕會引起國內守舊分子不必要的誤會，所以孫公諱言之。盧家父子爲親者諱，除向至親好友，作爲革命掌故笑談之外，亦未多爲外人道。

筆者在八十年後的今天，寫出中山先生當年這段小軼事，正是要宣揚一代聖賢的偉大之處。不才在美求學期間亦嘗打工有年。今日台港大陸在美的清寒留學生，有幾個沒打過工？——在美打工，何損於孫國父的日月之明？相反的，孫公的打工正可說明先賢締造「民國」的艱難，足爲後世子孫追念耳。

中山於一九一一年十月中旬離開科州回國，便道訪華府、倫敦、巴黎，想舉點外債，以度艱難，卻分文無著。可是中山是當時革命黨人中，唯一可以結交異國賢豪、華僑鉅富的最高領袖。一旦自海外歸來，中外各報皆盛傳他攜有鉅款回國來主持革命。當他於一九一一年十二月二十五日偕胡漢民抵上海時，各界皆以鉅款相期相問。中山答曰：「我沒有一文錢。帶回來的只是革命的精神！」——我們後輩打工仔固知我們靠打工維生的前輩，一文不名也。至於「革命精神」之充沛，也倒是一樣的。

一個「開始的結束」

中山這次自海外歸來，可說是「適得其時」(perfect timing)。他是十二月二十五日在上海上岸，十二月二十九日全國十七省代表在南京開「中華民國臨時大總統選舉會」(每省一票)，他就以十六票的絕對多數，當選了「中華民國」的第一任「臨時大總統」。

一九一二年元旦，中華民國臨時大總統孫文在南京就職。改元、易服，使用陽曆。中國歷史上三千年的帝王專制，和最後二百六十八年的滿族入主，同時結束。中華民國也就正式誕生了。

辛亥革命如今整整八十年了。八十年回頭看去，「辛亥革命」究竟是怎麼回事呢？對這段歷史，我們的執政黨──國共二黨的黨史家，各有官方的解釋。

國民黨官方的解釋是根據「總理遺教」，叫做「革命尚未成功」。「革命」怎樣才算「成功」呢？曰：「三民主義」和「五權憲法」的全部實現，才叫做成功。如此說來，則「辛亥革命」只是個流產革命，因爲它的果實被袁世凱等軍閥官僚所竊取；被黨內叛徒所斷送，所以國民黨要繼續革命，二次、三次到無數次。不達目的，不能罷休。果然在北伐完成之後，國民黨就取得了政權，建立了五院政府，應該是實行「三民主義」的時候了。誰知這次革命果實，又被共產黨半路竊去，所以國民黨還要繼續革命下去，要以三民主義統一中國、建設中國。不達目的，則革命永遠不能罷休……

中國共產黨對「辛亥革命」的解釋，則更爲簡單明瞭。他們認爲辛亥革命只是個「資產階級的民主革命」。共產黨革命的目的，是打倒反動的資產階級，所以資產階級的民主革命，基本上也是反動的和假冒爲善的。算不得是個革命。因此這個資產階級革命所製造出來的「中華民國」，也只是反動階級所控制的一個「朝代」。一部「中華民國史」也只是一部「斷代史」。眞正的「人民中國」還是從中國共產黨所建立的「中華人民共和國」開始的。

其實從「黨史」的觀點來解釋「國史」，是不容易立足的。因爲每個「政黨」，尤其「革命政黨」，都有它極其主觀和排他性極強的意蒂牢結。首先肯定了一個意蒂牢結，然後再談歷史，這就不是「以馬拖車」，而是「以車拖馬」了。抽象的說，這就叫做「以論帶史」，甚或「以論代史」。

歷史是條長江大河，永遠向前流動。搞歷史的人，隨著潮流前進，然後回頭追本窮源去看看，哪兒是青海源頭？哪兒是金沙江、三峽？哪兒是「晴川歷歷漢陽樹，芳草萋萋鸚鵡洲」？然後才能恍然大悟——原來如此！

我們如果昧於極其客觀發展的歷史事實，而在想像中製造一條隨自己意志發展的歷史，甚至對未發生的歷史發展，也根據自己的意志，加以指派，這就叫做「實行某某主義」；主義實行得了，那是「客觀」與「主觀」的「巧合」。客觀與主觀如果不能巧合，甚或牴觸，那往往就要出大毛病——輕者誤民誤國；重者就伏屍億萬，萬劫不復了。古人常說什麼「誤天下蒼生者，必此人也」。一個大大小小的獨夫，在一位智者的眼光中，本是不難辨認的。

再回頭看看「辛亥革命」吧！

辛亥革命所完成的兩大任務：驅除韃虜，建立民國。前者是沒什麼可說的。重點是在後者。

什麼是「建立民國」呢？簡單的說，就是「把君權換成民權」。君權是「中古」的制度；民權是「現代」的制度。在政治上把「中古的制度」換成「現代的制度」，用個抽象的名詞，便叫做「政治現代化」。「政治現代化」不是任何國家所獨有，它是世界歷史上的共同現象。而各國又因爲歷史和社會等等條件的不同，其政治現代化的程序，亦有長短、緩急、遲早、逆流、順流……之不同。

具體說來，把「君權」換成「民權」，以美國爲最早——美國擺脫英皇於一七七六年。建立人類歷史上第一個「民國」(republic)。但是美國建國不是一蹴而幾的。他們「英語民族」自有其特殊的「英美政治傳統」(The Anglo-American political tradition)。大體說來英語民族成功地約束王權，蓋始於「光榮革命」（一六八九）。自光榮革命到美國革命，他們大致掙扎了八十餘年，才「建立」了一個說英語的「民國」。

法蘭西民族，從君權完全換成民權，自法國大革命（一七八九）到第三共和之確立（一八七五），大致也掙扎了八十餘年。

俄國的情況也大致差不多。蘇俄自一九一七年十月革命開始，中經列寧、史達林將近四十年的獨裁專制——遠甚於沙皇的獨裁專制，到最近的政變流產，和戈巴契夫自聯共主席遜位，也搞了七十四年。要進步到眞正的民主共和，恐怕也要在八十年之上。

日本自一八六八年明治維新開始，歷經軍閥起伏專政，直到一九四五年戰敗，也掙扎了八十餘年，始搞出點民治的雛型來。

比諸世界先進的民治國家，老實說，咱們中國人向現代民權政治進展，也不算太壞。我們自辛亥革命搞起，至今也已八十年了。八十年中我們出了一個只在位八十三天的袁皇帝。一九一七年宣統爺也回來搞了幾天。其外蔣、毛二公也各做了幾十年的皇帝，但是二公畢竟不敢搞「黃袍加身」。最近《紐約時報》也把鄧公小平封為 The Emperor of China。說句公道話，「小平您好！」比蔣、毛二公畢竟要民主多了，雖然他也搞出「天安門事件」的一大敗筆。但是我國近代史上，從君權到民權的轉型浪潮，正如今夏（一九九一）百年一遇的洪水……。朋友，對付這場洪水，君不見官家只能「炸堤」，哪能「築堤」呢？——「社會科學」還是應該多學點才好！

我們搞「炸堤洩洪」大致也要搞它八、九十年。這時限是民主先進國家一致遵守的通例嘛！——所以我們的成績，不算太壞！

那麼，「辛亥革命」在我們這「從君主到民主」的百年「轉型期」中，算個什麼呢？

曰：廣義的「辛亥革命」（一八九〇～一九一二），是我國歷史上從君主到民主這個轉型期的「開始」。

狹義的「辛亥革命」（一九一一年十月十日至一九一二年一月一日），則是這個「開始的結束」(The End of a Beginning)。如此而已。請讀者諸位指教。

＊一九九一年九月一日脫稿於北美新澤西州

原載於台北《傳記文學》第六十卷第二期

國家圖書館出版品預行編目資料

晚清七十年 / 唐德剛著. -- 初版. -- 台北市
：遠流，1998〔民87〕
冊；　　公分. --（唐德剛作品集；1-5）
ISBN 957-32-3510-2（一套：平裝）.-- ISBN
957-32-3511-0（第壹冊：平裝）.-- ISBN 957-
32-3512-9（第貳冊：平裝）.-- ISBN 957-32-
3513-7（第參冊：平裝）.-- ISBN 957-32-3514
-5（第肆冊：平裝）.-- ISBN 957-32-3515-3（
第伍冊：平裝）

1. 中國 - 歷史 - 晚清（1840-1911）

627.6　　　　87005962

㉕如果現在是歷史	堺屋太一／著　東正德／譯	200 元
㉖大指導力（上）《宋名臣言行錄》白話版	朱熹／編	320 元
㉗大指導力（下）《宋名臣言行錄》白話版	朱熹／編	320 元
㉘項羽對劉邦：〔壹〕楚漢雙雄爭霸史	司馬遼太郎／著　鍾憲／譯	200 元
㉙項羽對劉邦：〔貳〕楚漢雙雄爭霸史	司馬遼太郎／著　鍾憲／譯	200 元
㉚項羽對劉邦：〔叁〕楚漢雙雄爭霸史	司馬遼太郎／著　鍾憲／譯	200 元
㉛項羽對劉邦：〔肆〕楚漢雙雄爭霸史	司馬遼太郎／著　鍾憲／譯	200 元
㉜野心帝國日本經略台灣的策謀剖析	羅吉甫／著	200 元
㉝一個通商國家的興亡迦太基遺書	森本哲郎／著　劉敏／譯	200 元
㉞鏡子一樣的歷史《說苑》白話版	劉向／編著　白羅／解讀	280 元
㉟諸葛孔明〔壹〕	陳舜臣／著　東正德／譯	200 元
㊱諸葛孔明〔貳〕	陳舜臣／著　東正德／譯	200 元
㊲策略規劃家：諸葛亮大傳（上）	陳文德／著	200 元
㊳策略規劃家：諸葛亮大傳（中）	陳文德／著	200 元
㊴策略規劃家：諸葛亮大傳（下）	陳文德／著	200 元
㊶現代孫子兵法 72 則戰略商法	陳再明／著	200 元
㊷英雄魅力學	松本一男／著　廖為智／譯	200 元
㊸三國謀略與現代商戰	霍雨佳／著	180 元
㊹一代天驕：成吉思汗傳(上)	朱耀庭／著	180 元
㊺一代天驕：成吉思汗傳(下)	朱耀庭／著	180 元
㊻亂世經營術齊宋晉秦楚吳越大變局中的興亡剖析	陳文德／著	200 元
㊼秦公司興亡史以經營觀點剖析帝國七百年盛衰	陳文德／著	200 元
㊽北宋危機管理一個問題公司的經營對策剖析	陳文德／著	200 元
㊾《三國演義》與人才學	葛楚英／著	280 元
㊿中國名言典故 365	松本一男／著　廖為智／譯	180 元
51君王經國策〈上〉法家經典：《韓非子》白話版	韓非／著　劉育林／解讀	200 元
52君王經國策〈中〉法家經典：《韓非子》白話版	韓非／著　劉育林／解讀	200 元
53君王經國策〈下〉法家經典：《韓非子》白話版	韓非／著　劉育林／解讀	200 元
54戰國寡頭競爭戰國七雄的經營策略	陳文德／著	280 元
55戰略西遊記吳承恩的兵法世界	關紹箕／著	280 元

＊本書目所列定價如與書內版權頁不符，以版權頁為準

⑸古今人物逍遙遊〈上〉	陳再明／著		200 元
⑺古今人物逍遙遊〈下〉	陳再明／著		200 元
⑻權力玩家 側寫中國政壇上的權力角逐	駱玉明／著		180 元
⑼尋找理想國 劉伯溫政治寓言集：《郁離子》白話版	劉伯溫／著		240 元
⑽經世七卷書 治世經典	蘇洵等／著	白本松等／譯	220 元
⑾智謀新典 西方眼中的三十六計	勝雅律／著		320 元
⑿商戰孫子 《孫子兵法》的商略研究	羅吉甫／著		200 元
⒀開創與傳承 從現代管理看大清帝國盛世	劉必榮・梁憲初／著		200 元
⒁識人・擇人・用人 中國歷代納賢史話	王志欣・劉申康／著		240 元
⒂琉球之風〔壹〕	陳舜臣／著	許錫慶／譯	200 元
⒃琉球之風〔貳〕	陳舜臣／著	許錫慶／譯	200 元
⒄龍虎風雲〔壹〕	陳舜臣／著	張正薇／譯	200 元
⒅龍虎風雲〔貳〕	陳舜臣／著	張正薇／譯	200 元
⒆旋風兒：小說鄭成功〔壹〕	陳舜臣／著	孫蓉萍等／譯	200 元
⒇旋風兒：小說鄭成功〔貳〕	陳舜臣／著	孫蓉萍等／譯	200 元
71小說十八史略〔壹〕傾國傾城	陳舜臣／著	廖爲智／譯	200 元
72小說十八史略〔貳〕易水悲歌	陳舜臣／著	廖爲智／譯	200 元
73小說十八史略〔叁〕楚風漢雨	陳舜臣／著	廖爲智／譯	200 元
74小說十八史略〔肆〕大漢天威	陳舜臣／著	廖爲智／譯	200 元
75小說十八史略〔伍〕遍地皆皇帝	陳舜臣／著	廖爲智／譯	200 元
76小說十八史略〔陸〕三國群英	陳舜臣／著	廖爲智／譯	200 元
77小說十八史略〔柒〕江南風波惡	陳舜臣／著	廖爲智／譯	200 元
78小說十八史略〔捌〕日月臨空	陳舜臣／著	廖爲智／譯	200 元
79小說十八史略〔玖〕陳橋立萬歲	陳舜臣／著	廖爲智／譯	200 元
80小說十八史略〔拾〕草原風暴	陳舜臣／著	廖爲智／譯	200 元
81耶律楚材〔壹〕	陳舜臣／著	許錫慶／譯	200 元
82耶律楚材〔貳〕	陳舜臣／著	許錫慶／譯	200 元
83小說甲午戰爭〔壹〕	陳舜臣／著	謝文文・蔡宗明／譯	200 元
84小說甲午戰爭〔貳〕	陳舜臣／著	謝文文・蔡宗明／譯	200 元
85小說甲午戰爭〔叁〕	陳舜臣／著	謝文文・蔡宗明／譯	200 元

＊本書目所列定價如與書內版權頁不符，以版權頁爲準

⑧⑥**商戰吳子**吳起的管理智慧	羅吉甫／著		180 元
⑧⑦**說三國・話權謀**	李炳彥・孫兢／著		320 元
⑧⑧**龍爭虎鬥 36 計**動物的戰爭啓示錄	蕭長書／著		200 元
⑧⑨**1895 年・決戰八卦山(上)**	陳文德／著		220 元
⑨⓪**1895 年・決戰八卦山(下)**	陳文德／著		220 元
⑨①**攻心決勝要策**中國歷代攻心個案 103 則	霍雨佳／著		250 元
⑨②**活用孫子兵法・經營篇**	李世俊・楊先舉・覃家瑞／著		220 元
⑨③**應世經略智典**《抱朴子外篇》白話版	葛洪／著	趙帆聲／譯	280 元
⑨④**儒學異端**現代王充論衡	陳再明／著		280 元
⑨⑤**鴉片戰爭〔壹〕**滄海孤舟	陳舜臣／著	蕭志強／譯	250 元
⑨⑥**鴉片戰爭〔貳〕**巨變家國	陳舜臣／著	蕭志強／譯	250 元
⑨⑦**鴉片戰爭〔叁〕**罌粟悲歌	陳舜臣／著	蕭志強／譯	250 元
⑨⑧**鴉片戰爭〔肆〕**血染海棠	陳舜臣／著	蕭志強／譯	250 元
⑨⑨**鴉片戰爭〔伍〕**大國英魂	陳舜臣／著	蕭志強／譯	250 元
⑩⓪**鴉片戰爭〔陸〕**百年滄桑	陳舜臣／著	蕭志強／譯	250 元
⑩①**弱勢大贏家：劉邦大傳㈠**	陳文德／著		220 元
⑩②**弱勢大贏家：劉邦大傳㈡**	陳文德／著		220 元
⑩③**弱勢大贏家：劉邦大傳㈢**	陳文德／著		220 元
⑩④**老子管理學**道・德・柔・無・反・水六大管理法則	楊先舉／著		250 元
⑩⑤**爭鋒奇術三國策**	吳琦／著		320 元
⑩⑥**機智對談 72** 歷史人物的口頭語言魅力	陳正榮／著		220 元
⑩⑦**風雪定陵**從萬曆到文革——地下玄宮洞開之謎	楊仕・岳南／著		350 元
⑩⑧**中國奇人傳**	陳舜臣／著		200 元
⑩⑨**英雄逐鹿學**	／霍雨佳／著		220 元
⑪⓪**太平天國〔壹〕**金田起義	陳舜臣／著	姚巧梅／譯	250 元
⑪①**太平天國〔貳〕**打江山	陳舜臣／著	姚巧梅／譯	250 元
⑪②**太平天國〔參〕**江水東流	陳舜臣／著	姚巧梅／譯	250 元
⑪③**太平天國〔肆〕**天京夢斷	陳舜臣／著	姚巧梅／譯	250 元
⑪④**諸葛亮領導兵法**	羅吉甫／著		250 元
⑪⑤**萬世法門〈上〉**塔起塔崩	商成勇、岳南／著		250 元

＊本書目所列定價如與書內版權頁不符，以版權頁為準

⑯萬世法門〈下〉緣滅緣生	商成勇、岳南／著	250元
⑰行為決策66歷史人物的肢體語言技巧	陳正榮／著	250元
⑱謀略三國	羅吉甫／著	280元
⑲陶朱公傳奇	陳文德／著	250元
⑳鄭芝龍大傳	陳文德／著	280元
㉑孫子兵法經營學	陳文德／著	280元
㉓危機談判中國先哲的危機處理與談判技巧	陳雙景／著	180元

＊本書目所列定價如與書內版權頁不符，以版權頁爲準

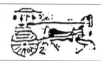

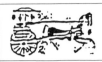

實用歷史
67・68

海的三部曲②

龍虎風雲〔全二册〕

(上)風之卷　(下)雲之卷

陳舜臣⊙著
張正薇⊙譯

在明末政治腐敗、目光如豆的朝廷體制外，東南海域盤踞著一股新興的海上勢力，自東瀛至南洋，鄭芝龍與各路英雄好漢共創理想中的「南海王國」。

從無到有，從船運押貨人到海商鉅子，鄭芝龍受封安南伯，自擁軍隊建構海上霸業，在歷史上卻被視爲投機叛國的民族罪人。然而以商爲本的人眼中只有利益，以大海爲大業的人眼中只有世界，鄭芝龍能以個人獨到的才智佈局歷史、打造時勢，而在其中搏命演出，他的成功顯然不是一個「投機」所能涵蓋。

陳舜臣把自己化身虎之助，在動盪的大時代裡，與鄭芝龍各顯豪情，掀起一場龍虎風雲。

實用歷史
69・70

海的三部曲③

旋風兒 小說鄭成功〔全二册〕

(上)風馳之卷　(下)浪滔之卷

陳舜臣⊙著

孫蓉萍、王秀美⊙譯

自古忠孝往往不能兩全，面對國族與親情的衝突，該如何去做抉擇呢？

教科書中的國姓爺鄭成功，是忠貞義勇的民族英雄，相對地其父鄭芝龍卻是功利投機的國族罪人，然而在一個失紀的亂世裡，賭注的輸贏才是勝負的重大關鍵。鄭成功有來自父親的才氣膽識，卻比父親多了一份血性和執著，對於國族大業也因而能經營出一番不同的景象。

陳舜臣除卻傳統的國族束縛，給予鄭芝龍與鄭成功一個更順應時代人心的歷史定位，讓我們重新認識一代英才的另一種風雲面貌。

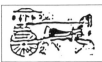

實用歷史
95～100

鴉片戰爭〔全六冊〕

（壹）滄海孤舟　（貳）巨變家國
（參）罌粟悲歌　（肆）血染海棠
（伍）大國英魂　（陸）百年滄桑

陳舜臣◎著

蕭志強◎譯

鴉片，是醫人的藥物，還是害人的毒品？一場因鴉片引發的商貿戰爭，究竟打開了東西方接觸的契機，抑或是帝國主義侵略中國的濫觴？

亞洲的近代是由「鴉片戰爭」開始的。今天，針對這場戰爭，我們實在需要由各種角度來重新檢討。而陳舜臣先生以歷史小說的體裁，爬梳中、英的諸多史料，提供給讀者一個超越時空的歷史見證。

《鴉片戰爭》不僅描寫戰爭的推演、政商界的縱橫捭闔，還有生動活潑的民生百態。透過史詩般的文字，我們得以回顧中國近百年的歷史，並展望未來。

實用歷史
110～113

太平天國〔全四冊〕

(壹)金田起義　(貳)打江山
(參)江水東流　(肆)天京夢斷

陳舜臣⊙著
姚巧梅⊙譯

太平天國可說是以基督教爲最高指導原理的反政府革命運動。創始人洪秀全在經歷一場異夢之後，組織拜上帝會，自舉兵以來，不但控制了中國的半壁江山，也大大地撼動了清朝的根基。

本書作者陳舜臣先生，以其歷史小說一貫的筆法，藉由大格局來描述時代變遷的實況。透過書中主角——商人連維材之子連理文的眼，他將帶領讀者了解太平天國如何從一支百姓兵的坐大，到造成清廷內亂達十六年之久，並且因內訌而走向滅亡之途。